赛迪研究院研究丛书 2023

工业稳增长长效机制及政策框架研究

刘文强　乔宝华　关　兵　等　著

电子工业出版社
Publishing House of Electronics Industry
北京·BEIJING

内 容 简 介

稳增长是当前经济工作的首要任务。工业是国民经济的主体和增长引擎，工业稳则经济稳。本书重点回答三个问题：一是"为什么要稳"。当前我国工业发展外部面临全球制造业格局加速重构带来的重大挑战，内部面临一系列结构性、体制性、周期性问题制约，急需构建适应新时代高质量发展要求的长效机制与政策框架，推动工业经济长期稳定发展。二是"稳什么"。稳增长其实就是稳需求、稳供给、稳预期。工业稳增长，不仅仅是稳住工业增速，更重要的是稳住影响工业增长的关键要素、作用机制、政策环境，进而稳住发展信心，稳住工业经济长期向好的发展态势。三是"怎么稳"。长效机制要从供需两侧同时发力，供给侧要顺应绿色化、数字化转型趋势，稳定关键核心技术、制造业人才、基础能源原材料等核心要素供给；需求侧要扩大居民消费需求、提高制造业投资效率、增强出口竞争优势。政策框架要坚持目标导向和问题导向，充分发挥财政税收政策、货币金融政策、产业发展政策、科技创新政策、改革开放政策等的组合效应。

未经许可，不得以任何方式复制或抄袭本书之部分或全部内容。
版权所有，侵权必究。

图书在版编目（CIP）数据

工业稳增长长效机制及政策框架研究 / 刘文强等著. —北京：电子工业出版社，2023.7
（赛迪研究院研究丛书.2023）
ISBN 978-7-121-45772-2

Ⅰ．①工… Ⅱ．①刘… Ⅲ．①工业经济－经济增长－研究－中国②工业经济－经济政策－研究－中国 Ⅳ．①F424

中国国家版本馆CIP数据核字（2023）第103629号

责任编辑：陈韦凯　　文字编辑：杜　强
印　　刷：北京七彩京通数码快印有限公司
装　　订：北京七彩京通数码快印有限公司
出版发行：电子工业出版社
　　　　　北京市海淀区万寿路173信箱　　邮编：100036
开　　本：720×1000　1/16　印张：10.75　字数：172千字
版　　次：2023年7月第1版
印　　次：2023年7月第1次印刷
定　　价：68.00元

凡所购买电子工业出版社图书有缺损问题，请向购买书店调换。若书店售缺，请与本社发行部联系，联系及邮购电话：（010）88254888，88258888。
质量投诉请发邮件至zlts@phei.com.cn，盗版侵权举报请发邮件到dbqq@phei.com.cn。
本书咨询联系方式：chenwk@phei.com.cn，（010）88254441。

赛迪研究院研究丛书
2023

编委会

主　编：张　立

副主编：刘文强　牟宗庆　胡国栋　乔　标　张小燕
　　　　王世江　高炽扬　秦海林

编　委：王　乐　李宏伟　程　楠　何　颖　关　兵
　　　　韩　健　纪丽斌　杨柯巍　赵芸芸　李艺铭
　　　　邵立国　梁一新　彭　健　王伟玲　林佳欣
　　　　张昕嬬　曹　方　乔宝华　张文会　韩　力
　　　　曹慧莉　路煜恒　魏国旭

工业稳增长长效机制及政策框架研究

课 题 组

课题负责人
刘文强　中国电子信息产业发展研究院党委书记、副院长

课题协调人
乔宝华　工业经济研究所　工业运行研究室主任、副研究员

课题组成员
关　兵　工业经济研究所所长、副研究员
张文会　工业经济研究所工业运行研究室副主任、副研究员
杨济菡　工业经济研究所工业运行研究室、助理研究员
杜冠德　工业经济研究所工业运行研究室、助理研究员
韩建飞　工业经济研究所副所长、副研究员
刘世磊　工业经济研究所区域经济研究室主任、副研究员
张　凯　工业经济研究所区域经济研究室、副研究员
张厚明　工业经济研究所工业发展研究室主任、研究员

前言 | Preface

工业是立国之本、兴国之器、强国之基、富国之源。工业化是一个国家经济发展的必由之路。党的二十大擘画了全面建成社会主义现代化强国的宏伟蓝图，明确提出到2035年我国发展的一系列总体目标，其中包含：经济实力、科技实力、综合国力大幅跃升，人均国内生产总值迈上新的大台阶，达到中等发达国家水平；实现高水平科技自立自强，进入创新型国家前列；建成现代化经济体系，形成新发展格局，基本实现新型工业化、信息化、城镇化、农业现代化。这从战略高度对工业经济发展做出了顶层设计和总体谋划。

当前，世界百年未有之大变局加速演进，新一轮科技革命和产业变革迅速发展，全球绿色低碳转型趋势不可阻挡，叠加新冠疫情、地缘政治冲突升级等"黑天鹅"事件，国内外形势更趋复杂严峻。一方面，外部形势正在发生新的重大变化，全球产业链供应链布局和全球制造业格局面临加速重构；另一方面，新时代新征程对工业发展提出新的更高要求，需要更好统筹发展和安全、速度和效益、当前和长远之间的关系。

构建适应新时代高质量发展要求的长效机制与政策框架，具有很强的现实意义、理论意义和实践意义。一是有助于积极化解各种突出问题和潜在风险，提振市场信心、稳定工业增长预期、提高工业运行质量。二是有助于统筹兼顾当前与长远、供给与需求、结构与全局、安全与发展，加快经济发展动能转换，促进经济持续健康稳定发展。三是有助于营造良好发展环境，坚定不移推进新型工业化，加快制造强国建设。

本书立足当前，着眼长远，围绕"为什么要稳""稳什么""怎么稳"三个核心问题层层推进，步步深入。一是"为什么要稳"。工业稳增长，不仅关乎工业，更关乎整个经济社会；不仅关乎当前，更关乎未来。只有稳定当前工业增长,才能更好保障未来发展大局。二是"稳什么"。工业稳增长,不仅仅是稳住工业增速,更重要的是稳住影响工业增长的关键要素、作用机制、政策环境,进而稳住发展信心,稳住工业经济长期向好的发展态势。三是"怎么稳"。工业稳增长,需要一套行之有效的长效机制与政策框架。长效机制要从供需两侧同时发力,供给侧要顺应绿色化、数字化转型趋势,稳定关键核心技术、制造业人才、基础能源原材料等核心要素供给;需求侧要扩大居民消费需求、提高制造业投资效率、增强出口竞争优势。政策框架要坚持目标导向和问题导向,充分发挥财政税收政策、货币金融政策、产业发展政策、科技创新政策、改革开放政策等的组合效应。

本书是中国电子信息产业发展研究院 2022 年度重大软课题研究成果之一,是在刘文强书记、乔标副院长、张小燕副院长的共同指导下完成的。刘文强书记在课题执行的每个关键节点都给出了非常明确的指导,提出很多宝贵的建议,为本课题倾注了很多心血。课题由赛迪工业经济研究所具体承担,乔宝华担任课题协调人,关兵所长全力支持,凝聚了全所的心血和智慧。本书共分为七章,其中:第一章、第二章由乔宝华牵头,杨济菡、关兵参与撰写;第三章、第四章由乔宝华牵头,杨济菡参与撰写;第五章由乔宝华牵头,张文会、杜冠德、韩建飞、刘世磊、张凯、张厚明参与撰写;第六章由乔宝华牵头,杨济菡、杜冠德、张文会参与撰写;第七章由关兵牵头,乔宝华、张文会参与撰写。

在本书的研究、撰写和出版过程中,得到了工业和信息化部运行监测协调局、工业和信息化部新型工业化研究中心、中国电子信息产业发展研究院软科学处、电子工业出版社的大力支持和指导,还得到了中国社会科学院工业经济研究所史丹所长、国家发展改革委国际合作中心付保宗副主任、国家信息中心预测部魏琪嘉主任、首都经济贸易大学陈彦斌副校长、中国人民大学中国经济改革与发展研究院于泽常务副院长、国家发展改革委投资研究所吴有红主任、中国社会科学院工业经济研究所邓洲主任、国务院发展研究中心宏观部杨光普副主任、中国电子信息产业发展研究院秦海林总工程师、中国宏观经济研究院战略政策室盛朝迅主任、国务院发展研究中心创新发展部熊鸿儒主任、中国社会科学院财经战略研究院黄浩副主任等众多专家的指导和帮助,在此一并表示最诚挚的谢意和感激!

经济增长是一个宏大复杂的命题,也是一个常研常新的课题。我们积极回应时代需求,探索性地去研究构建能够适应新时代高质量发展要求的长效机制和政策框架,以期为推进新型工业化、加快建设制造强国贡献赛迪智慧和赛迪力量。由于时间、精力、能力有限,虽竭尽全力、几易其稿,但不足之处仍在所难免,恳请广大读者和业界同仁不吝赐教。

目录 | Contents

第一章　问题的提出 / 001
　　第一节　研究背景 / 002
　　第二节　文献综述 / 007
　　第三节　内涵界定与内容框架 / 009

第二章　我国工业稳增长面临的新形势新要求 / 013
　　第一节　外部新形势：全球制造业格局正加速调整 / 014
　　第二节　内部新要求：我国已开启全面建设社会主义现代化国家新征程 / 021

第三章　我国工业稳增长的基础和有利条件 / 025
　　第一节　对实体经济的政策支撑体系持续完善 / 026
　　第二节　加快建设新发展格局下的完整内需体系 / 028
　　第三节　拥有完整的工业体系和完备的产业链 / 034

第四章　我国工业稳增长面临的突出问题 / 037
　　第一节　高端产能供给短缺 / 038
　　第二节　企业竞争力不强 / 040
　　第三节　产品品质和品牌建设薄弱 / 042
　　第四节　区域发展不平衡加剧 / 043
　　第五节　产业链外迁压力加大 / 045

第五章　工业稳增长的长效机制探索：供给侧 / 047
　　第一节　创新链与产业链深度融合机制 / 048

第二节 制造业人才保障机制 / 065

  第三节 能源原材料保障机制 / 074

  第四节 建立健全节能减排长效机制 / 084

  第五节 数字化发展赋能机制 / 094

第六章 工业稳增长的长效机制探索：需求侧 / 109

  第一节 扩大居民消费需求的长效机制 / 110

  第二节 扩大制造业有效投资的长效机制 / 125

  第三节 增强出口竞争优势的长效机制 / 136

第七章 工业稳增长的政策框架 / 149

  第一节 持续深化体制机制改革 / 150

  第二节 发挥财税政策导向作用 / 152

  第三节 加快产融合作对接步伐 / 154

  第四节 全面提升对外开放水平 / 155

  第五节 积极发挥产业政策效能 / 155

  第六节 完善企业梯度培育体系 / 156

  第七节 因地制宜促进区域协调 / 157

  第八节 加强工业运行监测预警 / 158

第一章 | Chapter 1

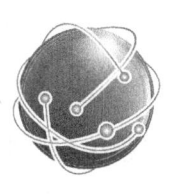

问题的提出

第一节 研究背景

一、工业对大国发展和安全至关重要

从世界各国工业化进程看，工业始终处于经济发展的核心地位。世界主要大国的崛起，无一不是凭借工业的发展壮大。新中国成立后，尤其是改革开放以来，我国坚定不移地推进工业化建设，实现了从落后的农业国到工业大国的飞跃，自 2010 年起我国制造业规模稳居世界第一。可以说，工业是立国之本、强国之基，是推动民富国强的现代化建设的基础和动力。

从应对外部冲击看，新冠疫情发生以来，我国完备的产业体系、强大的动员组织和产业转换能力，为疫情防控提供了重要物质保障。2020 年我国规模以上工业增加值增长 2.8%，领先 GDP 增速 0.6 个百分点，强有力地支撑我国经济规模首次突破 100 万亿元，使我国成为当年全球唯一实现经济正增长的主要经济体；2020—2022 年工业对 GDP 增长的贡献率较疫情前显著提高。可以看出，工业韧性较强，可有效抵御风险，工业稳则经济稳。

工业生产稳定恢复，压舱石作用凸显。2020 年以来我国工业经济克服新冠肺炎疫情、俄乌冲突、极端灾害天气等多重超预期因素影响，工业增加值增速基本恢复至疫情前水平。其中，2020 年工业生产率先恢复，规模以上工业增加值从一季度同比下降 8.4%快速回升，至第四季度同比增长 7.1%。2021 年工业经济整体延续稳定恢复态势，规模以上工业增加值增长 9.6%，领先 GDP 增速 1.5 个百分点，支撑我国经济增速在世界主要经济体中名列前茅。2022 年超预期因素明显增多，二季度工业生产出现波折，但随着稳增长政策措施落地见效，扭转了之前的下滑势头，经济回稳向上势头明显，2022 年规模以上工业增加值同比增长 3.6%。总体上看，2020—2022 年我国规模以上工业增加值平均增速达到 5.3%，与疫情前的 2019 年基本持平，已回归至潜在增长区间；工业对 GDP 增长的贡献率较疫情前大幅提高超过 10 个百分点，达到 37%，工业对经济增长的

压舱石作用凸显（见表 1-1）。

表 1-1　工业占 GDP 比重及对 GDP 累计增长的贡献率

年份	工业占 GDP 比重累计值（%）				工业对 GDP 累计增长贡献率（%）			
	一季度	二季度	三季度	四季度	一季度	二季度	三季度	四季度
2012 年	40.2	40.1	39.3	38.8	47.4	44.3	42.3	41.3
2013 年	38.7	38.6	37.9	37.5	39.0	38.5	38.8	38.5
2014 年	37.4	37.4	36.7	36.2	36.1	36.3	35.2	33.9
2015 年	35.4	35.3	34.6	34.1	30.6	30.6	29.7	29.6
2016 年	33.0	33.3	33.0	32.9	27.6	28.4	28.4	28.3
2017 年	33.5	33.6	33.2	33.1	29.1	30.0	29.7	29.3
2018 年	33.1	33.3	33.0	32.8	31.1	31.3	30.4	30.1
2019 年	32.2	32.4	31.9	31.6	27.9	27.3	26.3	26.9
2020 年	30.9	31.4	31.1	30.9	38.9	33.1	48.9	36.6
2021 年	32.6	32.9	32.6	32.6	41.7	40.3	38.9	37.9
2022 年	34.6	34.5	33.7	33.2	43.9	43.3	40.1	37.0

数据来源：国家统计局，赛迪工经所整理，2023.01

制造业占比逆势回升，是工业增长的重要支撑。2020 年以来我国制造业规模再上新台阶，制造业占 GDP 比重也实现止跌回升。2021 年我国制造业增加值达到 31.7 万亿元，首次突破 30 万亿元关口，占 GDP 比重回升至 27.5%，较上年提高 1.2 个百分点，自 2011 年以来首次实现回升；占全球制造业增加值比重达到 30.3%，近两年的年均增幅达到 1.5%，提高幅度明显。2022 年，制造业增加值占 GDP 比重为 27.7%，较 2020 年的历史低点提高 1.4 个百分点。整体上看，制造业在抗击疫情的过程中充分展现了规模大、体系全、韧性强的重要优势，是我国经济迈向高质量发展的重要基石。

二、当前工业稳增长面临"三重压力"

近三年，新冠疫情对经济的扰动时有反复，国内经济既面临结构性、周期性问题制约，又受到地缘政治冲突升级、极端灾害天气频发等超预期因素影响，经济恢复基础仍然比较脆弱，突出表现为需求收缩、供给冲击和预期转弱。

需求收缩，主要指受国内疫情反复及未来不确定性增加影响，居民消费能力和消费意愿下降，企业投资收益和投资信心减弱，消费和投资恢复缓慢。最新数据显示，2022年，我国贸易顺差突破8000亿美元，创历史新高；净出口对GDP增长的贡献率达到17.1%，处于1998年以来的历史较高水平，而国内消费和投资恢复缓慢。2022年，社会消费品零售同比下降0.2%，三年同期平均增速只有2.6%，与疫情前8%以上的增速尚有非常大的差距；固定资产投资同比增长5.1%，三年同期平均增长4.3%，增速对比疫情前同样有较大差距。2023年的需求收缩趋势可能会出现新的变化，因为全球经济衰退风险加大，外需对经济的带动作用大概率将走弱，内需的增长压力会更加突出。

供给冲击，主要指正常经济周期之外的疫情、战争、自然灾害等外部冲击引发的能源短缺、物流受阻、人员流动受阻、产业链供应链受损等给生产稳定性、安全性带来的冲击。2020年和2021年大宗商品原材料市场行情震荡频繁，疫情及俄乌冲突等外部因素造成了原材料供应不足和价格上升。以电解铜为例，2020年原材料均价为48707元/吨，2021年原材料均价达68364元/吨，涨幅达40%。因全球减碳行动，其他原材料如煤炭、石油等高碳行业因投资不足，产量减少导致其价格上涨。因疫情管控等因素，人员流动受阻，工作稳定性降低，劳动供给也相对减少。在产业链供应链方面，大国竞争、贸易摩擦叠加各国新冠疫情影响，生产、物流、销售等环节成本上升，产业链和供应链都面临不同程度的中断和阻隔。

预期转弱，主要指不断增多的国内外不确定因素改变了人们的消费预期、投资预期、行动预期等，市场主体信心不足，消费投资积极性明显降低。可以说，预期转弱是需求收缩和供给冲击的延伸，也是需求收缩和供给冲击的推动力。明确而稳定的预期对经济恢复与发展至关重要，预期低迷将不可避免地影响工业经济长短期发展及宏观经济稳定。

三、研究工业稳增长具有重要意义

本书旨在全面、准确、客观地分析研判我国工业稳增长所面临的外部新形势和内部新要求，统筹考虑理论与实践、当前与长远、供给与需求、结构与全局等因素，研究探索能够适应新时代高质量发展要求的工业稳增长长效机制与政策框架，推动工业经济实现更高质量、更有效率、更加公平、更可持续、更为安全的发展。总体上看，本研究具有三个方面重要意义。

1. 有助于积极化解各种突出问题和潜在风险，提振市场信心、稳定工业增长预期、提高工业运行质量，具有很强的现实意义。

经济增长往往呈现周期性波动，但大起大落会破坏生产要素有效配置机制，影响经济社会稳定发展。国务院原副总理刘鹤曾指出："在世界面临百年未有之大变局、全球经济充满不确定性的条件下，宏观稳定成为稀缺的资源。"当前我国经济工作坚持"稳字当头，稳中求进"，稳增长是首要核心任务，是宏观政策的重心。工业是国民经济的主体，工业稳则经济稳。世界各国经济发展经验表明，工业在推动经济增长，应对突发性危机和带动科技创新等方面发挥了关键性作用。工业稳是经济大局稳的基础和前提，不"稳"难有"进"。在稳的同时，国民经济还要"稳中求进"，这意味着经济工作要在平稳运行的基础上实现更高质量发展。只有经济社会平稳发展，才能为高质量发展创造良好的环境，才能加快转型升级和创新发展，推动产业迈向中高端。

研究工业稳增长，就是要客观分析工业稳增长所面临的有利条件和具体挑战，包括短期与长期、国内与国外、周期性与结构性等。在综合分析的基础上，才有可能提出针对性政策措施，对症下药，解决发展中的难题，缓解经济面临的短期困难，增强工作的主动性、前瞻性和政策调控的机动性。这有助于积极化解当前面临的各种突出问题和潜在风险，提振市场信心，稳定工业增长预期，从而有助于稳定工业经济增速，提高发展质量，推动工业经济实现量的合理增长和质的稳步提升。

2．有助于加快经济发展动能转换，促进经济持续健康稳定发展，具有较强的理论指导意义。

党的二十大报告对全面建成社会主义现代化强国做出战略安排，明确提出到 2035 年我国基本实现社会主义现代化，人均国内生产总值达到中等发达国家水平，基本实现新型工业化、信息化、城镇化、农业现代化。要实现这一目标，意味着 2020—2035 年，我国 GDP 总量和人均 GDP 要翻一番。作为 GDP 增长的重要支撑，工业经济仍需保持一定的增长速度。因为三大产业中，工业尤其是制造业生产链条长、生产复杂，工业生产不仅需要农业和服务业的投入，同时，工业也是农业和服务业发展的根基，能有效带动整个经济体的循环。因此，工业经济保持一定的增长速度是推动 GDP 目标实现的重要支撑和核心，对实现我国中长期发展目标至关重要。

研究工业稳增长，就是要积极探索工业增长的长效机制，不仅仅是追求当前的增长速度，而是从更长远的时间维度来分析工业生产活动中必不可少的技术、人才、能源等要素的供给现状、存在的突出问题，未来的发展趋势和着力点，通过稳定这些核心要素的高质量供给来保障工业经济的稳定运行和高质量发展。此外，还应充分考虑当前的绿色化、数字化转型趋势，顺应未来发展趋势，大力培育新兴产业，积蓄新兴动能，同时改造提升传统动能，促进经济发展动能的接续转换，实现工业经济的持续健康稳定发展。

3．有助于营造良好发展环境，加快制造强国建设，具有较强的实践意义。

工业经济稳定运行和高质量发展，离不开有为市场和有效政府的共同发力。2021 年年底的中央经济工作会议明确要求，2022 年经济工作"要稳字当头、稳中求进，各地区各部门要担负起稳定宏观经济的责任，各方面要积极推出有利于经济稳定的政策，政策发力适当靠前"，要落实好宏观政策、微观政策、结构政策、科技政策、改革开放政策、区域政策、社会政策七大政策。2022 年年底的中央经济工作会议明确要求，2023 年经济工作"要坚持稳字当头、稳中求进，继续实施积极的财政政策和稳健的货币政策，加大宏观政策调控力度，加强各类政策协调配合,形成共促高质量发展合力"。

研究工业稳增长,就是要坚持目标导向和问题导向,聚焦工业稳增长面临的突出问题和挑战,以及构建长效机制的实际需要,从供需两端共同发力,建立健全工业稳增长的政策框架。当务之急是在宏观层面着力打造有利于工业稳定运行和高质量发展的营商环境和产业生态,在产业层面努力确保产业链供应链安全稳定,在产品层面着力提升产品质量和竞争力,在企业层面着力培育壮大市场主体,在需求层面积极扩大消费、投资和出口需求。建立健全政策框架,有助于形成组合效应,推动工业经济平稳运行和提质增效。

第二节 文献综述

目前国内已有一些专家学者对工业稳增长的相关要义和机制进行了研究和探讨。张航燕和史丹(2020)系统分析了国内外的复杂环境形势,指出中国工业经济发展应该充分体现短期积极应对与中长期改革发展相结合的思想,一方面扩大需求,努力实现工业经济平稳较快发展;另一方面,继续保持战略定力和战略耐心,深化供给侧结构性改革,优化信贷结构,支持实体经济融资,全力推动工业经济高质量发展。中国社会科学院工业经济研究所课题组(2022)阐述了在新冠肺炎疫情冲击下,工业稳增长的内涵和多重作用,提出工业稳增长要注意工业稳与宏观经济稳、当下稳与长期稳、行业稳与区域稳的统筹协调,同时处理好稳增长与育动能、工业化与绿色化等八大关系,在宏观、产业、微观三个层面找准政策着力点,从投资、消费、出口、创新等九个方面采取措施促进工业稳增长。

具体来说,从创新、人才、资本、能源等要素角度出发,江飞涛(2020)分析了土地、劳动等要素成本快速上升所带来的发展问题,并提出优化调整产业政策、推动企业技术能力和创新能力的提升、加强实用型技术人才的培养等一系列建议,通过传统制造业的转型发展带动工业稳增长。史丹(2022)指出受新冠疫情等多方面因素影响,我国一些工业企业经营困难有所增加,但总体来看，我国经济稳中向好、长期向好的基本面没有改变，我国工业稳定发展的长期态势不会变，创新驱动发展成效显著，超大规模市场优势和新的要素红利不断显现，工业发展新的竞争优势正在形成。李晓华（2022）对工业经济平稳增长的重要意义做了深入解读，提出要发挥市场主体的创造活力，统筹当前工业增长与长期"双碳"目标，将稳增长与育动能有机结合。李晓华进一步指出2022年上半年，企稳回升是我国工业经济的突出特征；为进一步巩固工业恢复增长的态势，一要稳定畅通供应链，推动企业恢复产能，促进跨地区物流畅通；二要加大保市场主体力度，加强对电力、能源、大宗原材料的供应保障，促进其价格保持稳定。毛振华（2022）重点分析了能源结构调整与经济稳增长的关系，指出要正确认识"双碳"目标的长期性，加大新能源相关产业的资本扶持力度，特别是涉及技术瓶颈的产业，如锂电池产业和新材料产业；同时加强对电力体制机制改革的研究。

从出口、消费、投资等需求侧角度出发，周子勋（2019）在经济稳增长论坛中，综合分析了经济形势和未来政策走向，提出要鼓励合理的集团消费，刺激居民消费，充分发挥消费在稳增长中的主动力；同时也要积极培育数字经济等新经济增长点。李晓华（2022）从三个方面对工业稳增长做了详细分析：一要扩大固定资产投资，加快推动交通、水利、城市地下综合管廊以及新型基础设施投资，鼓励社会资本参与基础设施建设；二要促进消费潜力释放，通过发放消费券等形式，促进汽车、家电、家具、消费电子等产品消费，鼓励消费模式、业态创新和新型消费发展；三要大力稳定外贸出口，支持制造企业加强技术创新、数字化改造，实现价值链攀升、劳动生产率提高，增强出口产品国际竞争力。冯煦明（2022）研究了固定资产投资在稳增长中的补短板、强基础、攒后劲效果，提出要持续激发和促进"科技—产业—金融"良性循环，同时健全基础设施投融资机制，增强投融资机制与基建项目结构转型之间的匹配性，促进工业经济的长远发展。夏杰长和肖宇（2022）着重分析了消费端在疫情中受到的较大影响以及消费在当前稳增长中的作用，并建议扩大有效消费。推动消费恢复，利用短期政策及时有效地解决当前发展中的突出问题，挖掘和培育新消费，释放消费潜力；利用长期机制，基于宏观层面，对持续有效扩大消费需求及规模进行顶层设计和战略规划。

在产业结构优化，顺应当前绿色化、数字化转型趋势方面，史丹（2019）在展望未来中国工业发展时，强调了产业融合、产业升级以及科技创新在驱动发展中的巨大力量。随着新一轮科技革命和产业变革兴起，特别是信息技术、生物技术、新能源技术等广泛渗透到各个领域，大数据、云计算和移动互联网等新一代信息技术成为影响和决定工业发展的根本动力，要抢抓新一轮科技革命和产业变革的机遇，全面强化科技创新力度，从而为工业发展增添强劲推动力。郭朝先等（2020）从"新基建"的角度出发，探索与之相关联的投资需求以及不断升级的消费市场对当前中国经济发展的带动作用。"新基建"连同数字技术应用，可以赋能中国经济，推动我国产业转型升级，提升资源配置效率，优化经济结构，推动中国经济发展的质量变革、效率变革、动力变革，加快推动我国工业经济的稳定发展。李晓华（2022）同时强调了数字化和绿色化在工业稳增长中的重要作用：一方面数字技术能够提高工业的生产效率、改进产品质量、降低生产成本、创新商业模式，成为影响工业竞争力的重要力量；另一方面在绿色低碳发展成为全球共识的背景下，要大力提倡新能源产业的发展和工业节能减排，推动绿色增长、实施绿色新政，助力工业的绿色化转型。

第三节　内涵界定与内容框架

一、内涵界定

工业稳增长的内涵非常丰富，可以从多个方面进行解读。从经济系统看，工业稳增长既包括工业自身的平稳增长，也包括通过工业平稳运行来带动和支撑整个国民经济稳定发展，发挥工业的增长引擎和压舱石作用。从时间维度看，工业稳增长既要稳短期增长，也要稳长期增长。稳短期增长，主要是有效应对下行压力，保持合理增长速度；稳长期增长，主要是加快转变发展方式、优化经济结构、转换增长动力，提升工业创新力和竞争力。从政策目标看，工业稳增长要统筹质的有效提升和量的合理增长。工业稳增长，很重要的是要保持工业增速运行在合理区间，并推动质量变革、效率变革、动力变革，实现工业高质量发展。

工业稳增长的长效机制与政策框架，可以从经济学理论中的需求与供给两个方面来展开。从这个意义上讲，稳增长其实就是稳需求、稳供给、稳预期。稳需求包括稳投资、稳消费、稳出口；稳供给的核心是稳市场主体和稳生产要素，具体又包括稳企业、稳技术、稳资本、稳人才、稳能源、稳土地等；稳预期的核心是稳政策、稳信心，并以此来推动和实现稳需求、稳供给。

简言之，工业稳增长，不仅仅是要稳住工业增速或工业在 GDP 中的占比，更重要的是要稳住影响工业增长的关键要素、作用机制、政策环境，进而稳住人们对工业经济发展的信心，稳住工业经济的发展态势。

二、内容框架

基于前文的分析，在明确"为什么要稳"和"稳什么"之后，就是要回答"怎么稳"的问题，主要包括三方面内容，如图1-1所示。

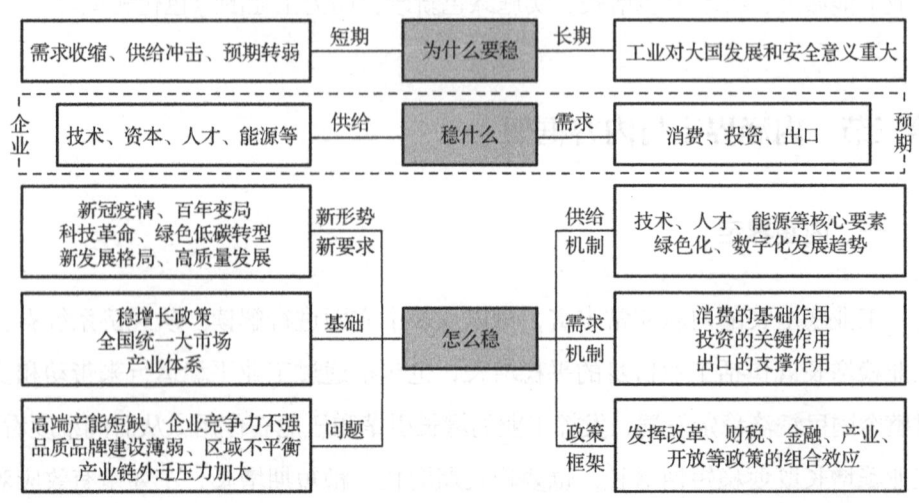

图1-1 研究内容和框架

一是全面、准确、客观地分析研判我国工业稳增长面临的外部新形势和内部新要求，剖析和梳理工业稳增长基础和条件以及面临的突出问题。二是兼顾长短期分别从供需两侧探索工业稳增长的长效机制，顺应绿色化、数字化发展趋势，稳定技术、人才、能源等核心要素供给，发挥消费的基础作用、投资的关键作用、出口的支撑作用，保障工业经济的稳定运行和高质量发展。三是坚持目标导向和问题导向，聚焦工业稳增长面临的突出问题和挑战，以及构建长效机制的实际需要，建立健全工业稳增长的政策框架，发挥财政税收、货币金融、产业发展、科技创新、改革开放等政策的组合效应，推动工业经济平稳运行和提质增效。

第二章 | Chapter 2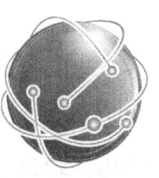

我国工业稳增长面临的新形势新要求

当前，世界百年未有之大变局加速演进，叠加世纪疫情、地缘政治冲突升级等"黑天鹅"事件，国内外形势正发生复杂深刻的变化。从外部看，我国工业稳增长面临的外部形势正在发生新的重大变化，对全球产业链供应链布局带来重大挑战，进而推动全球制造业格局加速调整。从内部看，我国进入全面建设社会主义现代化国家、向第二个百年奋斗目标进军的新发展阶段，工业发展面临新的更高要求，需要更好统筹发展和安全、速度和效益、当前和长远。

第一节 外部新形势：全球制造业格局正加速调整

当前，我国工业稳增长面临的外部形势正在发生新的重大变化，突出表现在四个方面。一是世纪疫情对全球供需产生双重冲击，并且这种影响有长期化趋势，将拖累全球经济陷入低速增长阶段；二是世界百年未有之大变局加速演进，推进全球产业链供应链向区域化、本土化、多元化等方向加速调整；三是新一轮科技革命和产业变革迅速发展，生产要素、组织方式、竞争优势等发生重大变化；四是全球绿色低碳转型趋势不可阻挡，绿色产业链将逐步替代传统产业链。这些新形势新变化，对全球产业链供应链布局带来重大挑战，进而推动全球制造业格局加速调整。

一、疫情对全球经济的影响长期化

新冠疫情是近百年来全球发生的最严重的传染病大流行。WHO 统计数据显示，截至 2022 年年底，全球累计确诊病例约 65646 万例，累计死亡病例约 669 万例。由于新冠肺炎传播速度快、感染范围广、防控难度大，疫情持续扩散对全球生产生活造成巨大冲击。首先，疫情扰乱了企业正常的生产经营安排，疫情防控引发的人员隔离、交通物流不畅、原材料零部件供应中断等加大了产业链供应链的脆弱性和不稳定性，这些都直接冲击了全球生产供给。其次，疫情持续反复背景下，保持社交距离几乎成为常态，餐饮、娱乐、交通、旅游等接触型聚集型消费需求受到严重抑制，导致全球居民消费大幅收缩。此外，疫情带来的不确定性不稳定性持续增加，防疫成本、生产成本、物流运输成本、跨国别跨地区合作成本等都明显增加，生产者、消费者、投资者对未来的发展预期转弱。在全球范围内，疫情对经济贸易投资活动带来了巨大冲击。国际机构数据显示，与2019年相比，2020年全球GDP增速下降3.1%，全球商品贸易下降7.4%，服务贸易下降了20%，全球外国直接投资（FDI）下降42%。2021年以上数据指标有所反弹，但均未恢复至疫情前水平。特别是2022年，受疫情大流行、地缘政治紧张局势升级以及全球通胀高于预期等因素影响，全球经济陷入衰退，世界银行《全球经济展望》报告预测全球经济增长仅1.7%，这是自1993年以来，除去2009年次贷危机和2020年新冠疫情影响的最低增速（见表2-1）。

表2-1 全球及主要经济体GDP增长率

	2020	2021	2022e	2023f	2024f
全球	-3.2	5.9	2.9	1.7	2.7
发达经济体	-4.3	5.3	2.5	0.5	1.6
美国	-2.8	5.9	1.9	0.5	1.6
欧元区	-6.1	5.3	3.3	0.0	1.6
日本	-4.3	2.2	1.2	1.0	0.7
新兴市场和发展中经济体	-1.5	6.7	3.4	3.4	4.1
中国	2.2	8.1	2.7	4.3	5.0
印度	-6.6	8.7	6.9	6.6	6.1
俄罗斯	-2.7	4.8	-3.5	-3.3	1.6

数据来源：世界银行《全球经济展望》，赛迪工经所整理，2023.01

可以看出，在过去三年时间里，全球经济受到疫情反复冲击，至今尚没有回到疫情前的增长轨迹。有研究将疫情这种短期冲击带来的中长期影响归属于"磁滞效应"或"伤痕效应"。马畅等（2020）对比研究了近代以来最具影响力的六次全球性传染病危机带来的影响，发现公共卫生危机解除以后，经济会有明显复苏，但是危机发生后的五年时间里，经济增长水平仍低于危机前水平；并且认为新冠疫情带来的中长期经济伤害也会比过去经历的公共卫生危机冲击更大。Diggle等（2021）研究了2000年以来欧洲经济受到的三轮冲击（2008年金融危机、2012年欧债危机和2020年疫情冲击），发现虽然每轮冲击后欧洲经济都会快速恢复，但同时也伴随着经济增速的下降，这意味着每一轮冲击都对欧洲经济的长期增长轨迹带来影响。张斌等（2023）等梳理了疫情影响中长期经济增长的作用机制，认为疫情在供给端会冲击全要素生产率、加剧劳动力市场错配、破坏物质资本积累，在需求端会增加企业和居民对未来预期的不确定性，导致总需求不足从而抑制企业创新并带来潜在产出水平下降。综合来看，疫情对全球经济的冲击仍将持续，预计未来几年，全球经济将陷入低速增长阶段，这将对各国产业发展带来深远影响。

二、全球产业链供应链加速重构

19世纪工业革命以来，全球制造业经过多次产业转移，形成了以北美洲、欧洲、亚洲三大中心为主导的全球产业链供应链分工格局，并且亚洲在全球产业链中的地位显著上升（见图2-1）。2012—2021年，三大中心GDP占全球GDP的比重从86.1%上升至89.5%，其中，2021年亚洲GDP占比36.7%；三大中心工业增加值占全球工业增加值的比重从84.5%上升至89.9%，其中，2021年亚洲工业增加值占全球工业增加值比重47.1%，接近半壁江山；三大中心出口占全球出口的比重从91.0%上升92.7%，其中2021年亚洲出口占全球出口比重达到43.3%。

我国在全球产业链供应链占据重要地位，虽然北美洲进口中来自中国的份额自2018年以来持续下降，但欧洲进口中来自中国的份额较为平稳，亚洲进口中来自中国的份额从2012年的15.7%上升至2021年的18.3%，全球进口中来自中国的份额从2012年的10.9%上升至2021年的14.8%。然而，受逆全球化、贸易保护主义加剧、新冠疫情冲击、地缘政治冲突升级等多重因素影响，国际秩序和经济格局进入深度调整期。特别是，近年来美国视我国为最主要的战略竞争对手，中美博弈逐渐进入深水区。美联合盟友综合利用加征关税、出口管制、投资审查、强迫劳动等手段，干扰正常贸易和产业合作；构建"澳英美联盟""美日印澳四国机制""T12科技联盟"等，最大限度遏制我高新技术企业崛起；积极联合盟友在半导体、锂电池、稀土和药品等关键领域打造"去中国化"供应链，全方位减少对我国的经济依赖。整体上看，全球制造业产业链供应链正在朝着区域化、本土化、多元化等方向加速调整，冲击我国在全球分工体系中的地位。

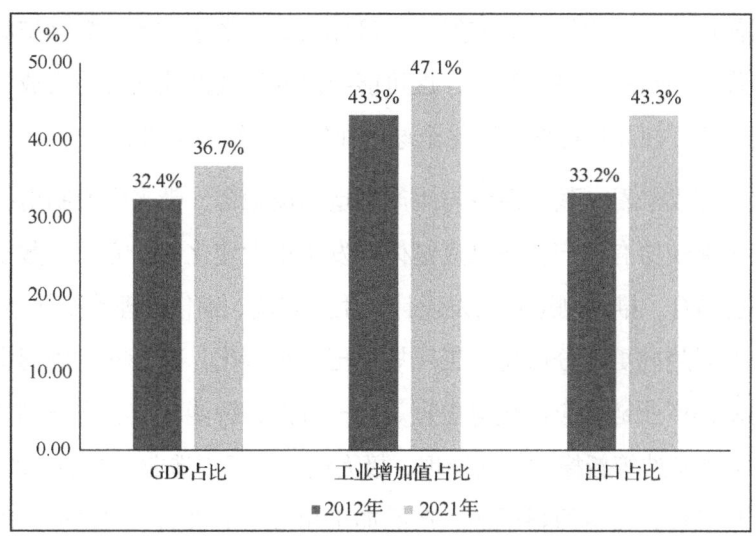

图 2-1　亚洲地区 GDP、工业增加值以及出口全球占比情况

数据来源：世界银行，赛迪工经所整理，2023.01

三、新一轮科技革命和产业变革迅速发展

科技革命是影响产业发展的关键变量，历次产业革命都会催生出新兴行业、改造传统产业、重塑产业格局。当前兴起的新一轮科技革命以大数据、物联网、人工智能等数字技术为主体，以生物技术、新能源技术、新材料技术、新制造加工技术等交叉融合技术为主要领域，对产业链供应链各个环节进行逐步渗透，不断催生新的组织形态和生产方式，为产业开辟了广阔的发展前景，同时也开始改写全球制造业生产模式和布局版图。

从生产要素来看，数据成为经济发展的新型生产要素，将使得不同国家和地区之间的要素禀赋优势发生转变。第二次世界大战以来，国际范围内的垂直分工模式本质上是"生产要素"分工，即各国凭借不同要素优势融入发达国家及其跨国公司主导的价值链体系。新兴经济体主要依托低成本的劳动力优势，参与到发达国家的中间品加工转移，融入国际分工体系。但随着数字技术和数字经济的发展，世界各国都加快推进工业机器人以获得更低的成本、更高的效率和更快的生产速度，这将导致不同经济体之间的要素禀赋优劣势发生根本性转变，驱使产业链供应链布局向发达经济体或具有数字技术、数字资源、数字基础设施优势的新兴经济体倾斜，这可能会改变过去产业向劳动力成本较低国家转移的规律，在某种程度上固化全球产业链供应链分工格局。

从组织方式来看，数字经济与生产制造加速融合，带来生产制造模式的重大转变，也促使原有的产业链供应链体系发生重大变化。一方面，数字技术与制造业深度结合，推动制造业研发设计、生产制造、销售管理等全链条网络化，使得生产布局趋向更加分散化、工厂规模更加小型化，产品交付周期也大幅缩短，进而使得产业链供应链变得更短。另一方面，智能制造、增材制造、柔性生产、服务型制造等新模式不断涌现，极大地提升了制造业供给能力的稳定性、灵活性、精准性，使得原料采购、产品加工和市场销售的本地化成为现实，使得企业供应链体系发生巨大变化。

从竞争优势来看，新兴技术发展催生新产业，开启新领域新赛道，带动全球产业链供应链竞争力变化。新兴技术的发展和应用，将带来新产品新服务并催生新产业，形成新的产业链供应链布局。如，新能源汽车快速发展，带动锂钴镍等金属资源以及动力电池等相关产业链供应链蓬勃发展，对传统汽车产业链供应链形成一定程度的替代，带动相关国家、相关产品竞争力发生新的变化，进而影响全球汽车产业链供应链布局。

四、全球绿色低碳转型快速推进

国际金融危机以来，世界主要国家纷纷大力支持新能源和可再生能源发展，推动全球能源转型加速推进。BP世界能源统计报告显示：2009—2019年间，全球一次能源消费年均增长1.9%，其中，可再生能源消费年均增长13.4%，而煤炭消费年均增速只有0.9%。2020年，受疫情影响，全球能源消费较上年下降 4.5%，其中，石油消费下降 9.5%，降幅最大，煤炭消费下降 4.2%，而可再生能源消费增长 9.7%，仍然保持快速发展。从能源消费结构看，当前全球能源消费仍以石油和煤炭为主，但天然气、可再生能源占比稳步提高。如图 2-2 所示，2020 年全球一次能源消费中，石油消费占 31.3%，占比连续 4 年呈现下降态势；煤炭消费占 27.2%，中断了之前连续 8 年的下降态势，出现小幅增加；天然气消费占 24.7%，已连续 6 年逐年提高，占比达到历史新高；可再生能源占比稳步提高至 5.7%，增幅显著加快，从 2018 年开始可再生能源占比已超过核能，且领先幅度逐年扩大；水电在能源结构中的占比为 6.9%，较上年提高了 0.4 个百分点。

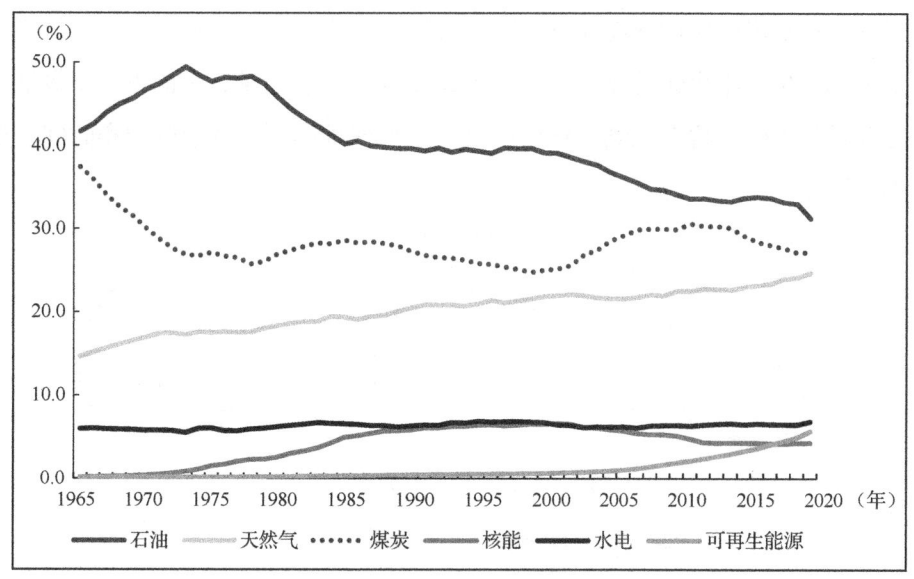

图 2-2　1965 年以来全球一次能源消费结构演变

数据来源：BP 世界能源统计报告 2021，赛迪工经所整理，2023.01

与此同时，碳中和已成为全球共识，不仅推动能源变革，而且推动绿色产业链逐步替代传统产业链。如图 2-3 所示，截至目前，全球已有 133 个国家提出碳中和承诺，覆盖了全球 83% 的二氧化碳排放、91% 的 GDP（PPP）和 80% 的人口。

我国在 2020 年 9 月也明确承诺将力争在 2030 年前达到碳排放峰值，努力争取2060年前实现碳中和。俄乌冲突发生后，全球能源危机愈演愈烈，对产业发展带来巨大伤害。为减少对传统化石能源的依赖，世界各国更加坚定了发展清洁能源、加快绿色转型的决心。欧盟委员会于2022年5月18日发布《欧洲廉价、安全、可持续能源联合行动方案》，计划将2030年欧盟能源效率提升目标从之前设定的9%提高到13%，可再生能源在能源消费中的占比目标从之前设定的40%提高到45%。美国于2022年8月发布《通胀削减法案》，这是有史以来最大规模针对气候能源领域的投资计划，预计将支出3690亿美元用于遏制气候变化和促进清洁能源使用，重点覆盖清洁能源制造业，包括鼓励购买电动汽车和氢燃料电池汽车以及部署充电站等。2022年12月18日，欧洲议会和欧盟各国政府就欧盟碳排放交易体系改革方案达成了协议，确定碳边境调节机制将从2023年10月开始试运行，过渡期至2025年年底。近期，美国也在积极推动碳边境调节（碳关税）机制，积极应对气候和能源问题。各国碳中和时间表如表2-2所示。

图2-3　全球碳中和覆盖范围

数据来源：zerotracker，赛迪工经所整理，2023.01

表2-2　各国碳中和时间表

进展情况	国家或地区
已实现（自宣传）	苏里南共和国、不丹、贝宁、圭亚那、柬埔寨
已立法	2030：马达加斯加、危地马拉 2045：德国、葡萄牙、瑞典 2050：加拿大、丹麦、西班牙、斐济、法国、英国、匈牙利、爱尔兰、日本、韩国、卢森堡、挪威、新西兰、荷兰 2060：俄罗斯

续表

进展情况	国家或地区
政策宣示	2030：安哥拉、孟加拉国、刚果、捷克共和国、多米尼加、几内亚、马尔代夫、马里、乌干达、阿尔巴尼亚、阿塞拜疆、白俄罗斯、喀麦隆、古巴、阿尔及利亚、埃及、加纳、伊拉克、约旦、肯尼亚、摩洛哥、摩尔多瓦、马其顿、菲律宾、朝鲜、巴拉圭、卡塔尔、圣马力诺、塞尔维亚、突尼斯、乌兹别克斯坦、委内瑞拉等 2035：芬兰、百慕大 2040：冰岛、安提瓜和巴布达 2050：亚美尼亚、奥地利、比利时、智利、哥斯达黎加、厄瓜多尔、希腊、克罗地亚、意大利、老挝、利比里亚、立陶宛、拉脱维亚、马耳他、斯洛文尼亚、乌拉圭、美国、澳大利亚、赤道几内亚、吉尔吉斯斯坦、巴拿马、罗马尼亚、新加坡等 2053：土耳其 2060：中国、斯里兰卡、乌克兰

资料来源：zerotractor，赛迪研究院 2023.01

第二节　内部新要求：我国已开启全面建设社会主义现代化国家新征程

当前，我国已全面建成小康社会、实现第一个百年奋斗目标，并迈入全面建设社会主义现代化国家、向第二个百年奋斗目标进军的新发展阶段。在全面建设社会主义现代化国家的新征程中，工业经济发展面临新的更高要求，突出表现在三个方面。一是加快构建以国内大循环为主体、国内国际双循环相互促进的新发展格局，要求工业稳增长更好统筹发展和安全；二是推动经济高质量发展，要求工业稳增长更好统筹速度和效益；三是建设现代化经济体系，要求工业稳增长更好统筹当前和长远。

一、加快构建新发展格局要求工业稳增长更好统筹发展和安全

新发展格局是习近平总书记在 2020 年首次提出的，当时全球产业链供应链受疫情冲击发生局部断裂，直接影响到我国国内经济循环，给经济发展带来重大隐患。此后，习近平总书记讲话中多次强调"统筹发展和安全""办好发展安全两件大事""越开放越要重视安全，越要统筹好发展和安全""实现发展规模、

速度、质量、结构、效益、安全相统一""实现稳增长和防风险长期均衡"等。党的十九届五中全会在"十四五"时期经济社会发展指导思想中强调"统筹发展和安全",而且设置专章对统筹发展和安全作出全面部署。党的二十大报告继续强调要"加快构建以国内大循环为主体、国内国际双循环相互促进的新发展格局""以新安全格局保障新发展格局"。可以看出,在新发展阶段,统筹发展和安全同构建新发展格局是彼此呼应、相互支撑的。高培勇(2021)认为统筹发展和安全是贯通新发展阶段、新发展理念、新发展格局的逻辑主线,并明确将统筹发展和安全视为构建新发展格局的灵魂和核心。

工业是国民经济的命脉,工业安全发展最关键的是确保产业链供应链安全稳定。习近平总书记指出,产业链供应链安全稳定是构建新发展格局的基础,在关键时刻不能"掉链子",这是大国经济必须具备的重要特征。党的二十大报告多次提及"产业链供应链安全"。其中,在"加快构建新发展格局,着力推动高质量发展"部分,强调要加快建设现代化经济体系,"着力提升产业链供应链韧性和安全水平";在"推进国家安全体系和能力现代化,坚决维护国家安全和社会稳定"部分,强调要以新安全格局保障新发展格局,"确保粮食、能源资源、重要产业链供应链安全"。要深入落实党的二十大的重要决策部署,切实保障产业链供应链的安全稳定,这对工业稳增长也提出了更高的要求。

二、推动经济高质量发展要求工业稳增长更好统筹速度和效益

高质量发展是全面建设社会主义现代化国家的首要任务。从内涵上看,高质量发展既包含质的有效提升,也包含量的合理增长,是"质"和"量"的统一。"质"主要体现在增长动力、发展效率、产业结构、企业效益等方面的优化提升,"量"主要体现在经济规模、企业数量等方面的增长扩张。经济没有"质"就不会有"量",离开了"量"也谈不上"质",量变积累形成质变,这是经济发展的历史规律,推动经济高质量发展对工业稳增长的质和量均提出了更高、更为紧迫的要求。

高质量发展要求通过质的有效提升来引领量的合理增长。改革开放40多年

来，我国经济实力显著提升，并在 2010 年开始成为世界第二大经济体。2021 年我国 GDP 总量达到 17.7 万亿美元，是美国的 76%，德国的 4.16 倍、日本的 3.6 倍，占全球 GDP 比重 18.4%。但随着我国经济发展进入工业化后期，过去支撑我国经济快速发展的有利条件发生了重大变化，突出表现为劳动力成本上升、劳动力数量下降、资源约束增强、产业结构转向服务业为主等，传统的经济增长模式已无以为继。要实现经济的稳定增长，就必须转变经济发展方式，转换经济增长动力，通过结构优化和效率提升来继续引领经济总量增长。

高质量发展同样要求通过量的合理增长来支撑质的有效提升。我国已进入了现代化建设的新阶段，很重要的一个目标是到 2035 年，人均国内生产总值迈上新的台阶，达到中等发达国家水平。要实现这个目标任重道远，只有质肯定是不行的，还必须有量的合理扩张。粗略估算，2023—2035 年我国 GDP 年均增速需要达到 5% 左右。2022 年前三季度，我国 GDP 同比增长 3%，2020—2022 年同期年均增长 4.4%，不仅离疫情前 6% 以上的年均增速有较大差距，而且离基本实现社会主义现代化所需要的年均增速也有差距。这对当前及未来几年的工业稳增长工作都提出了非常高的要求。

三、建设现代化经济体系要求工业稳增长更好统筹当前和长远

建设现代化经济体系是高质量发展的核心。只有建成现代化经济体系，才能真正转变经济发展方式、实现经济结构优化升级、转换到新的经济增长动能，才能构建起新发展格局，真正实现高质量发展。建设现代化经济体系的重要内容是建设创新引领、协同发展、富有竞争力的现代产业体系，核心要求是把经济发展的着力点放在实体经济上，推进新型工业化。

从当前看，构建现代产业体系需要积极化解产业发展中的堵点、卡点，促进产业循环畅通，形成更高效率和更高质量的投入产出关系，实现经济在高水平上的动态平衡。从长远看，构建现代产业体系需要加快培育和壮大新兴产业，不断提升产业基础能力和产业链现代化水平，构建自主可控、安全高效的产业链供应链，有效保障产业安全和国家安全。

当前，我国现有产业体系中传统产业占工业增加值比重 80%以上，仍然是工业经济的主体；但这些行业能耗普遍较高、技术含量和附加值偏低，面临着巨大的转型难题，短期内会影响短期经济指标表现。战略性新兴产业成长速度很快，但尚未成为支柱。2021 年我国高技术制造业占比仅为 15.1%，对经济带动作用有限，距离真正发展壮大还需要较长时间。习近平总书记多次强调"要立足当前、着眼长远，从化解当前突出矛盾入手，从构建长效体制机制、重塑中长期经济增长动力着眼"。要走出产业体系的"结构性陷阱"，建设现代化经济体系，推进新型工业化，对工业稳增长也提出了清晰的目标要求，既要能够稳定短期经济增长，不因产业结构调整出现经济失速；又要能够保持战略定力，坚定不移加快现代化产业体系建设，培育持久增长动力。

第三章 | Chapter 3

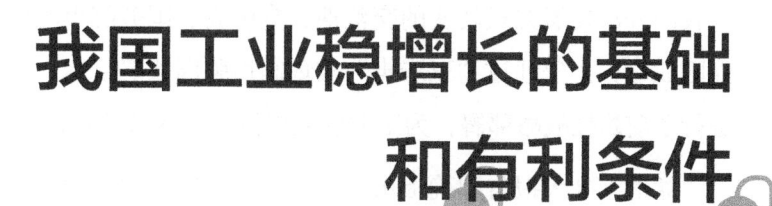

我国工业稳增长的基础和有利条件

我国经济韧性强、潜力大、活力足，工业稳增长具有扎实的基础和条件，突出表现在三个方面。一是党中央、国务院对实体经济的重视达到新高度，对实体经济的政策支撑体系持续完善；二是我国经济进入产业升级和消费升级的关键时期，新发展格局下加快建设完整内需体系和国内统一大市场，将有助于形成经济稳定增长的内生动力；三是我国拥有完整的工业体系和完备的产业链，能够有效保障国内生产供给、抵御外部风险冲击，为工业稳增长提供了坚实的支撑后盾。

第一节　对实体经济的政策支撑体系持续完善

一、制造强国战略稳步推进

制造业是立国之本、强国之基。党的十八大以来，党中央、国务院高度重视实体经济，尤其是制造业的发展。2015年，在全球制造业格局面临重大调整与我国经济发展方式转变的交汇期，党中央、国务院审时度势，提出实施制造强国战略，力争通过"三步走"实现制造强国战略目标。这为我国制造业发展进行了前瞻性战略部署，为工业发展提供了根本遵循和行动指南。

党的十九大报告明确提出，必须把发展经济的着力点放到实体经济上，把提高供给体系质量作为主攻方向，显著增强我国经济质量优势。同时，再次明确指出，加快建设制造强国，加快发展先进制造业。"十四五"规划建议提出，"保持制造业比重基本稳定，巩固壮大实体经济根基"，"坚定不移建设制造强国、质量强国、网络强国、数字中国，推进产业基础高级化、产业链现代化，提高经济质量效益和核心竞争力"，这进一步对未来五年我国工业经济发展做出了明确的战略性部署。党的二十大报告强调，坚持把发展经济的着力点放在实体经济上，推进新型工业化，加快建设制造强国、质量强国、航天强国、交通强国、网络强国、数字中国。这些都从战略高度对实体经济特别是工业经济发展做出了顶层设计，是工业经济发展的重要理论指引。

二、供给侧结构性改革成效显著

2015年11月党中央提出着力加强供给侧结构性改革以来，工业开始了以供给侧结构性改革为主线的高质量发展。一是工业规模加速壮大，企业效益显著提升。2016—2021年，我国工业增加值由24.54万亿元增加至37.26万亿元，年均增长7.2%。2021年我国制造业增加值达31.4万亿元，占全球比重近30%，制造业规模稳居世界第一。2021年，规上工业企业营业收入和利润分别增长19.4%和19.1%，营业收入利润率为6.81%，是1996年有数据统计以来的最高点。二是"三去一降一补"取得阶段性成就，新旧动能转换明显。工业领域去产能、去杠杆、降成本效果显现，提前两年完成"十三五"钢铁行业去产能1.5亿吨目标；减税降费成效明显，企业税费负担整体下降，税收收入占GDP的比重从2016年的17.5%降至2020年的15.2%；规上工业企业单位工业增加值能耗持续下降，战略性新兴产业加速发展，高技术制造业、装备制造业逐渐成为带动制造业发展的主要力量。

三、稳增长政策措施持续出台

党中央、国务院要求经济工作要"稳字当头、稳中求进"。2021年三季度以来，我国经济下行压力显著加大。党中央、国务院审时度势，对稳增长做出一系列重要决策部署。2021年中央经济工作会议强调做好经济工作要"坚持以供给侧结构性改革为主线，统筹疫情防控和经济社会发展，统筹发展和安全，继续做好'六稳''六保'工作，持续改善民生，着力稳定宏观经济大盘，保持经济运行在合理区间，保持社会大局稳定，迎接党的二十大胜利召开"，并明确要求2022年"经济工作要稳字当头、稳中求进，各地区各部门要担负起稳定宏观经济的责任，各方面要积极推出有利于经济稳定的政策，政策发力适当靠前"。2022年《政府工作报告》要求"今年工作要坚持稳字当头、稳中求进。面对新的下行压力，要把稳增长放在更加突出的位置"。2022年的中共中央政治局会议和国务院常务会议也多次对稳增长做出具体部署和要求。5月底国务院召开全国稳住经济大盘电视电话会议，并推出扎实稳住经济一揽子政策措施；7月份，中共中央政治局会议要求"宏观政策要在扩大需求上积极作为"，着力解决需求不足问题，明确提出"经济大省要勇挑大梁，有条件的省份要力争完成经济社会发展预期目标"。2022年年底的中央经济工作会议继续强调："对于我们这么大的经济体而言，保持经济平稳运行至关重要。要着力稳增长稳就业稳物价，保持经济运行在合理区间。"

各部门聚焦关键领域的重点工作和突出问题出台稳增长政策。按照党中央、国务院决策部署要求，国务院各部委围绕各部门各领域的重点工作和突出问题，都出台了相应的稳增长政策。从稳增长政策文本构成的词语中可以看出，中小企业、产业链、制造业、服务业、信息化、市场化等都是政策文本中的高频词语。由于工业是国民经济的主体，工业稳则经济稳。工业和信息化部联合国家发改委等多个部委推出《振作工业经济运行 推动工业高质量发展的实施方案》《促进工业经济平稳增长的若干政策》《关于巩固回升向好趋势加力振作工业经济的通知》，旨在打通堵点、卡点，确保工业经济循环畅通；挖掘需求潜力，扩展工业经济市场空间；强化政策扶持，健全工业经济保障措施以及优化发展环境，促进工业经济行稳致远。财政部、国家税务总局、商务部、交通运输部、中国人民银行等部门或机构也分别从减轻企业负担、扩大投资、刺激消费、稳住外贸、金融支持、保供稳价等方面提出了很多稳增长的细化措施。

第二节 加快建设新发展格局下的完整内需体系

加快构建以国内大循环为主体、国内国际双循环相互促进的新发展格局是一项长期战略，需要坚持扩大内需这个战略基点，加快培育完整内需体系，把实施扩大内需战略同深化供给侧结构性改革有机结合起来。随着健全内需体系和国内统一大市场建设的有序推进，市场主体活力提升，消费释放、投资扩大，这都有助于形成经济稳定增长的持久动力。

一、内需体系建设是工业经济长期稳定发展的重要依托

从需求端看,投资、出口、消费是拉动经济增长的"三驾马车",其中内需是我国经济发展的主要动力。扩大内需,短期靠投资,长期靠消费。从历史来看,我国在 1998 年东南亚金融危机和 2008 年美国次贷危机期间都曾经提出过"扩大内需",以缓解外部需求持续减弱对出口、就业等产生的不利影响。这两次扩大内需的政策着眼于总需求宏观调控范畴,依靠财政政策和货币政策进行短期逆周期调节。

与以往"扩大内需"政策不同,新发展格局下完整内需体系建设是深化供给侧结构性改革的关键一环,是新发展阶段实现高质量发展的长期战略。当前乃至未来很长一段时期,我国经济运行面临的主要矛盾是供给结构不能适应需求结构的变化。因此,扩大内需不再强调依托宏观手段进行短期调控,刺激短期需求,而是强调重视多样化的消费需求,挖掘消费潜力,形成需求牵引供给、供给创造需求的更高水平动态平衡。内需体系建设通过进一步发展新业态、新模式,开发新技术、新产品优化供给质量,在推动消费升级的同时,推动产业结构调整以及生产方式转变,这是经济稳增长的重要力量。

构建新发展格局的关键在于经济循环的畅通无阻,以国内大循环为主体,需要全国统一大市场支撑。建设全国统一大市场,不仅利于释放内需潜力,而且可以通过需求引导资源配置,一方面促进各类要素在更大范围内有序流动和合理集聚,减少流动成本,不断提升企业和行业生产率,促进经济增长;另一方面,资源合理有效地流动也增强了供应链和产业链的稳定与安全,保障经济稳定发展。

二、内需消费体系建设可为工业发展提供更为广阔的市场和机遇

消费是内需体系建设的落脚点,消费已经成为拉动我国经济增长的重要引擎。如图 3-1 所示,可以看到,自 2000 年以来,最终消费支出(消费)和资本形成总额(投资)对 GDP 的贡献率持续保持在高位,不少年份的贡献率超过了

100%。2011年以来，除2013、2020年外，消费对GDP的贡献率开始始终高于投资。这表明内需，尤其是消费是中国经济增长的"主引擎"。

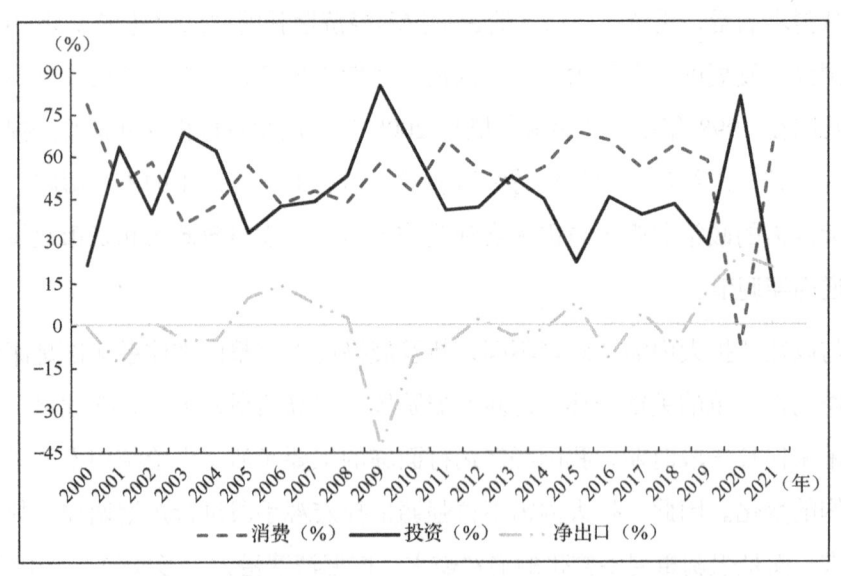

图3-1 三大需求对GDP增长的贡献率（2000—2021年）

资料来源：国家统计局，赛迪工经所整理，2023.01

但数据表明我国最终消费依旧严重不足，具有较大的提升空间。如图3-2所示，从总需求各部分占GDP的结构变化来看，近20年消费占GDP的比重经历了先下降后回升的"V"形变化。2011—2019年最终消费占GDP比重平均值为53.4%，2020年这一数据有所上升，为55.3%。如图3-3所示，最终消费的构成中，我国居民消费占GDP比重基本低于57%。对比可以看到，发达国家的最终消费占GDP的比重基本都在70%以上，英美两国甚至高于80%。如图3-4所示，各发达国家的居民消费占GDP比重最低也在49%以上，美国甚至接近70%。对比表明，我国的最终消费和居民消费占GDP比重远低于发达国家。作为拉动经济增长的第一动力，消费有望快速追赶，成为稳增长过程中的"亮点"。

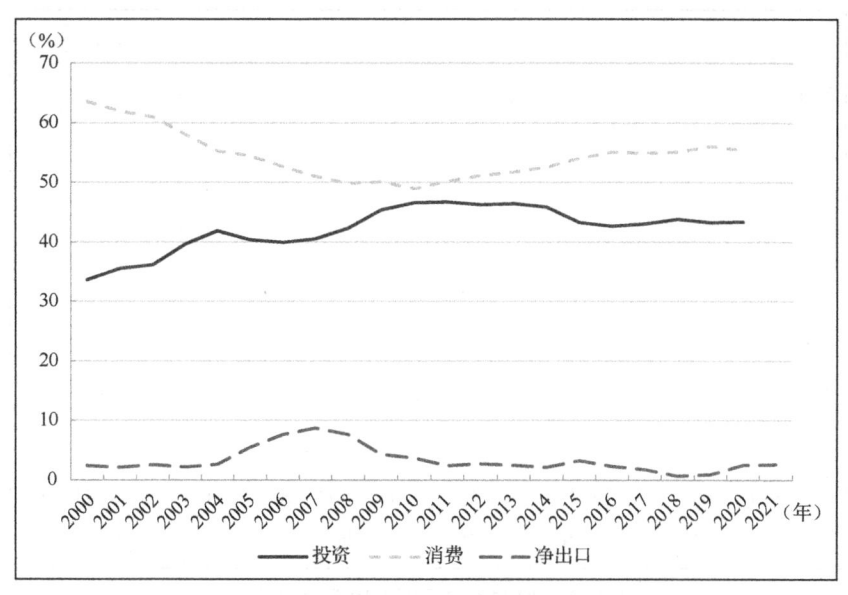

图 3-2　2000—2020 年我国需求结构变化趋势

资料来源：世界银行，赛迪工经所整理，2023.01

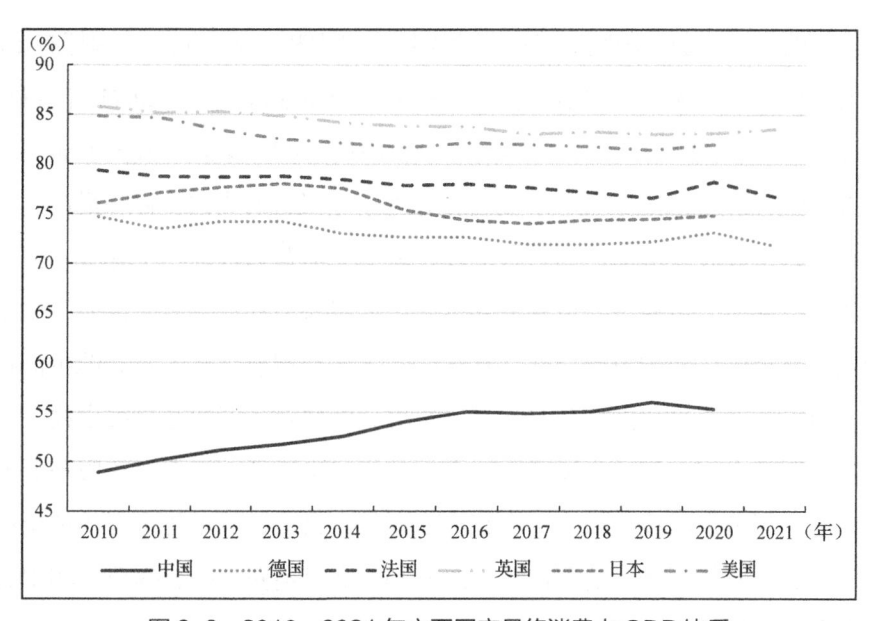

图 3-3　2010—2021 年主要国家最终消费占 GDP 比重

资料来源：世界银行，赛迪工经所整理，2023.01

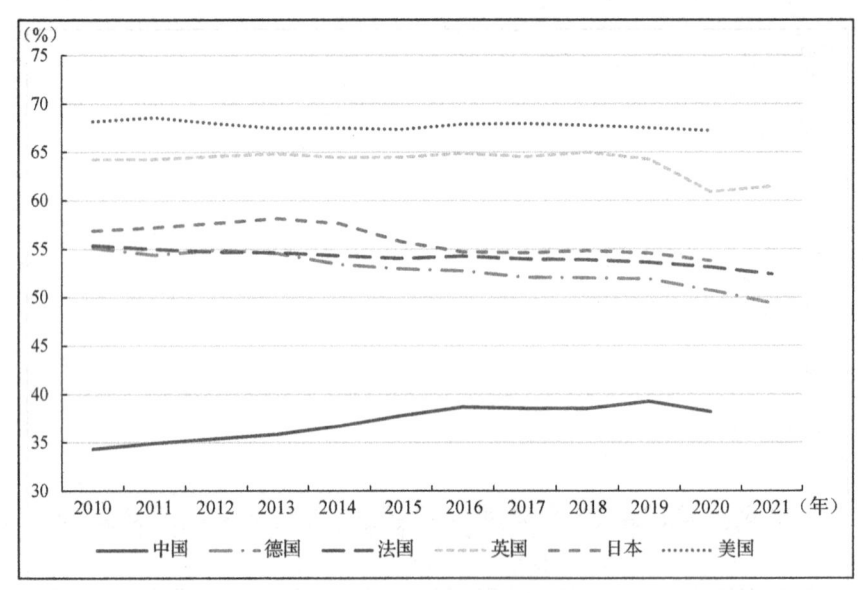

图 3-4 2010—2021 年主要国家居民消费占 GDP 比重

资料来源：世界银行，赛迪工经所整理，2023.01

较低的最终消费和居民消费也蕴含着巨大潜力和广阔空间。中国拥有 14 亿多的人口规模和超 4 亿中等收入群体，社会消费品零售总额在 2021 年突破 44 万亿元，比上年增长 12.5%，增速较快。发达国家的经验表明，我国的居民消费率有近 20 个百分点的提升空间，这是未来经济增长最有力的支撑和最广阔的市场。首先，中等收入群体占比不断上升，是扩大消费的基础。中等收入群体对产品质量、性能、体验等有更高需求，居民消费潜力释放将为高性能高质量的制造业产品提供广阔的市场空间。其次，数字化和智能化技术发展催生消费新业态。新冠疫情以来，无接触服务迅速发展，消费业务开始通过线上线下融合发展拓宽服务内容，扩大市场范围。科技的进步也推动着制造业和服务业的融合，商品和服务供给质量和水平也在稳步提升。最后，城市化进程的加快和县域经济的发展开拓了城乡消费市场。这些都为促进消费"扩容提质"和中长期增长创造了空间。

三、投资扩大可为工业经济长期稳定发展提供支撑

投资也是内需的重要构成部分。投资短期利于拉动内需，长期可以形成生产能力、优化产业结构、供给结构，是连接供给与需求的纽带，也是联系当下与未来的桥梁。在现代经济中，投资是促进经济增长的重要因素之一。投资及其表现的物质资本积累是研发、创新等技术进步活动的基础，投资规模和投资质量在很大程度上决定了经济发展的速度和质量。我国经济从高速增长进入高质量发展的阶段，稳投资，保持一定的投资率（尤其是精准投资和有效投资），是推动经济高质量发展的关键，也是工业稳增长的重要支点。

制造业投资、基础设施建设和房地产是投资的三大支柱。其中，制造业投资是企业家结合宏观经济前景、企业运行状况（盈利空间和产能）和竞争格局等多种因素进行的生产行为或者生产扩大化行为，不过政策对制造业投资也有较大的主导作用；基建投资和房地产投资则受政策影响较大，其中基建投资是政府进行逆周期宏观调节的经济手段，房地产投资对金融政策更加敏感。我国的基建投资和制造业投资都拥有广阔的增长空间。

基础设施建设投资方面，我国公共资本存量位列世界第一，但人均存量为 2.14 万美元/人，低于发达国家 3.21 万美元/人的均值。从结构来看，个别领域存在短板，如铁路公路密度、人均铁路公路里程，人均航空货运、客运量，管道运输能力，个人互联网使用率等指标都低于大多发达国家。根据世界经济论坛《全球竞争力排名（2022）》，中国在基础设施质量的广义衡量指标排名仅为 21。随着经济进入高质量发展阶段，基础设施还存在诸多的短板和不足，增长潜力巨大。图 3-5 是我国基础设施建设分项全球排名情况。

制造业投资方面，高技术制造业保持着较快的增长，装备制造业保持相对的稳定。随着供给侧结构性改革深入进行，全国统一大市场建设的推进，传统制造业产能将进一步缩减，以高技术制造业为代表的新兴产业，以绿色低碳、智能制造、工业互联网、高端材料、先进计算及产业链安全等为方向的投资需求将增加，并有着更大的发展空间，未来也将成为经济稳增长的重要来源。

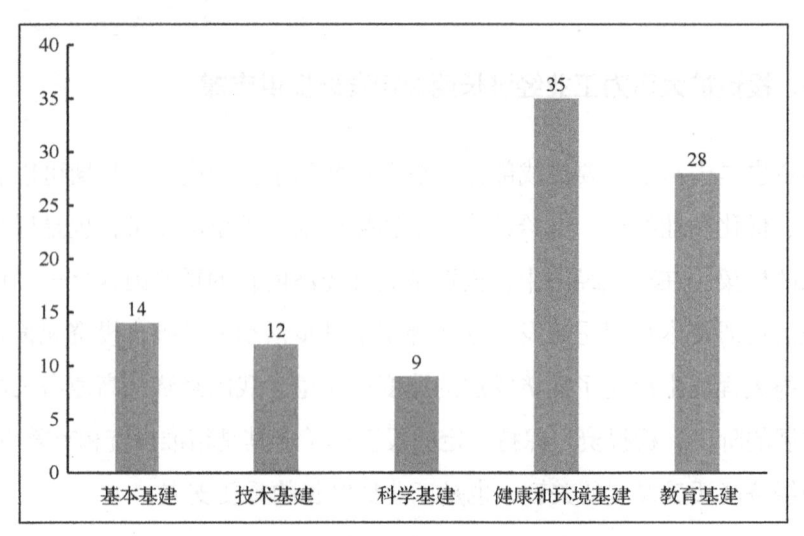

图 3-5　我国基础设施建设分项全球排名

资料来源：《全球竞争力报告（2022）》，赛迪工经所整理，2023.01

第三节　拥有完整的工业体系和完备的产业链

我国是全球唯一拥有联合国产业分类中所列全部工业门类的国家。这意味着，我国现有的工业体系，以及与之相伴的产业链、供应链几乎可以满足所有类型的商品生产，能够有效保障国内生产供给，抵御外部风险冲击。

一、工业体系完备，经济增长形成多点支撑

完善的产业配套能力，规模庞大的生产实力和强大的供给能力是经济增长的保障。新中国成立至今，尤其是改革开放以来，我国工业实现了快速发展，有力地推动了工业化和现代化进程。经过多年建设，从终端产品、零部件、原材料到相关配套设备形成的齐全的产业体系具有庞大的规模优势，充分的供给保障能力、适应能力和修复能力，在出现危机时能快速响应，需求增加时能快速供给，生产困难时能快速协调恢复。在应对 2020 年年初新冠疫情等外部冲击时，我国迅速控制住了疫情，工业生产和产业链运转快速得到恢复，在为世界

各国提供大量抗疫物资和物质生活用品的同时，也有力带动了我国经济的增长。

成熟高效的产业集群和专业化协作增强了工业产品的竞争力和生产的韧性。就工业自身发展而言，控制成本是参与生产过程的上中下游企业不得不考量的重要问题。完整工业体系意味着，同一产业的上中下游企业可以通过供需关系集聚在同一地区，充分发挥其成本优势、规模优势和集群优势，形成较高的耦合度与协调度。一个国家内部产业集群耦合度高，可以做到本地化采购原材料、配件，从而生产成本更低，生产效率更高，不仅可以花很短的时间和很低的价格获得某种产品，提高产品竞争力，也提升了产业链的抗风险能力和专业化协作能力。例如，生产一件产品，在当地就能找全配件，产业链的抗风险能力将大大提升。

多点支撑、产业体系完备有助于推动产业升级，实现高质量发展。产业升级、新旧动能转换并非一日之功，需要依托良好的生态系统。首先，我国在多个区域，根据产业特点和地域禀赋进行产业分工合作。其次，工业生产上中下游的细分行业及所属企业所构成的产业集群便利了彼此的沟通，为技术创新中的协作创造了条件。超大规模的市场需求和完整的工业体系为产业迭代升级，新技术大规模使用提供了应用市场和基础能力，有利于技术的产业化，从而实现产业升级，这也是我国经济实现良性循环的基础。

二、产业链供应链综合优势突出，具有较强抵御风险能力

当前，国内外环境都发生了复杂深刻的变化，国家之间经济实力也不再局限于技术和资本，更包括供应链、产业链和价值链的综合优势。产业链供应链环环相扣，如果某一个环节出现问题，整个链条就会出现中断，进而会影响整个链条的稳定，对产业体系和经济体系都会产生重大的冲击。我国产业链与供应链的稳定和综合优势，是抵御风险和稳经济大盘的重要支撑。

从国内来看，我国产业链和供应链具有深厚的基础，具有灵活性与弹性。经过多年发展，我国产业链供应链在行业、区域等方面形成了较为完整的布局，形成了从终端产品、零部件、原材料到相关配套设备的齐全完备产业链和完善

的产业配套能力。在传统优势产业领域，我国通过打造一大批龙头企业，延伸产业增值链条，形成了良好的技术基础，这些产业也积极向核心技术领域和新兴技术领域扩展。产业链供应链各环节都具有基本的进口替代能力，即便遭遇外需波动冲击，强大且完备的链条也能得以缓冲，不至于陷入生产周转困境。目前，在"疫情要防住、经济要稳住、发展要安全"的要求下，各地产业主管部门正在加强政策引导，进一步优化产业链布局。一些优势互补的战略性新兴产业集群正逐渐成为区域经济的引擎和保链稳链新载体，区域间上下游协调联动不断加强，切实保障产业链供应链稳定畅通。

从国际来看，我国产业链与国际供应链融合密切，竞争力逐渐增强。自20世纪90年代开始，尤其是2001年加入WTO后，我国在积极参与国际分工的过程中，利用自身的优势建立了较为完备的产业链供应链体系，成为全球供应链、价值链中的关键一环。由《全球价值链发展报告（2019）》可知，对比2000年和2017年国际供应链、价值链变化形势，欧洲和北美的网络结构几乎没有大的变化，但在亚洲，中国取代日本成为全球供应中心的重要一级，成为全球供应链的核心环节。

特别是2020—2022年，在全球贸易放缓的大背景下，我国出口整体上保持逆势增长，凸显了我国在全球产业链供应链上具有不可替代的核心竞争力。在内需相对疲软之时，外贸持续发力成为稳经济的主要力量，"中国制造"在切实发挥全球稳定器作用的同时也为国内经济增长提供了有力支撑。

第四章 | Chapter 4

我国工业稳增长面临的突出问题

工业，特别是制造业，是一国经济供给体系的重要主体，制造业发展质量是决定整体经济供给质量的关键。2010 年，我国制造业增加值占世界制造业的比重达到 20%，随后开始超过美国，稳居全球制造业第一大国。但我国制造业"大而不强"，整体供给质量不高，发展不平衡不充分的问题十分突出。加之近些年国内外局势变动，产业链外迁压力比较大，这些都成为影响工业稳增长的突出问题。

第一节　高端产能供给短缺

从产业角度看，我国工业稳增长面临的突出问题是高端产能供给短缺，主要体现为原材料工业供给质量不高、高端装备制造业竞争力不足以及消费品工业升级滞后。如图 4-1 所示，从经济复杂度指数来看[①]，我国从 1995 年的 46 名跃升至 2020 年的 17 名，表明我国产品的技术含量有较大的提升，但依旧偏低。

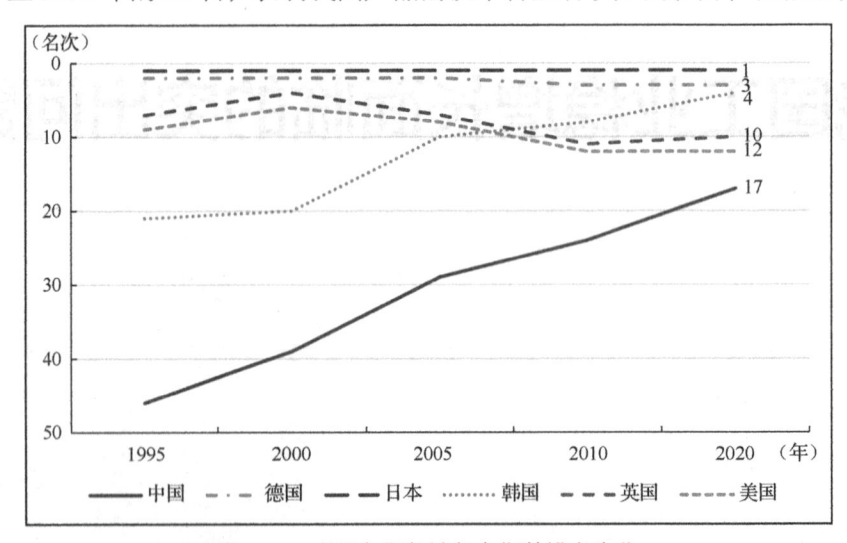

图 4-1　世界各国经济复杂指数排名变化

数据来源：Growth Lab, Harvard University, 赛迪工经所整理, 2023.01

---

① 即 ECI 指数，用于衡量和比较国家间经济复杂性的指标，主要通过国际贸易数据的比对反映各国经济的复杂水平和竞争力。

原材料工业主要包括石化化工、钢铁、有色金属、新材料产业等行业，是实体经济的根基，是制造业转型升级实现高质量发展的基础性产业。目前原材料工业领域依旧存在不少短板和瓶颈，严重制约了经济的进一步转型升级和国际竞争力的提高。如中低端产品过剩，去产能成果还需巩固；关键材料、核心工艺水平不高（如高镍正极材料、航空钢材、半导体硅片等），创新能力缺乏，高端材料产品供给不足，从而易导致产业链供应链风险，削弱关键战略资源保障能力，也使得绿色发展任重道远。

装备制造业是"生产机器的机器制造业"，制造业的核心之一，主要为国民经济简单再生产和扩大再生产提供技术和装备，是一国综合实力的体现。改革开放以后，在国家产业政策支持和国际分工格局转移等有利条件下，我国装备制造业取得了举世瞩目的成就，形成了较大规模、较高生产质量的各类产业体系，全球竞争力稳步提升。[①]但依旧面临着创新缺乏，高端装备、智能制造和关键零部件供给不足的问题。如我国尚无自主研制航空发动机短舱的专门机构，尚无生产研究真空蒸镀机的企业，激光雷达领域也几乎空白。一些关键部件，如微球、水下连接器、高端轴承钢等我国都尚无生产能力，需要大量进口。自主高端装备制造产品供给短缺，使稳增长和调结构压力剧增。

消费品工业是制造业的另一核心，是畅通国内大循环的关键，也是经济发展的重要引擎。另一方面，消费品工业与人民生活密切相关，消费品是也是重要的民生保障。国家统计局数据显示，近二十年中国居民恩格尔系数持续走低，国内居民消费结构不断改善。食物等保障日常需求支出占比下降，服务消费等发展及享受型消费占比提升。如图 4-2 所示，从居民人均服务性消费占总消费支出的比例来看，自 2013 年后服务消费占比稳步提升，消费升级主线不改。服务型消费占比提升，意味着我国居民消费观念发生了本质变化。

服务型消费需求的提升和消费观念的转变意味着消费者对高品质、高附加值的产品更加青睐。我国目前的消费品供给体系主要还是以大规模生产的同质化商品为主，消费品工业中高端品质的、多层次、个性化的产品和服务供给还

---

① 徐宇辰：《中国装备制造业创新发展与国际借鉴的思考》。

相对不足，供需结构缺乏良性互动。同时，由于供需畅通受阻，加上生产、流动、销售等信息透明度缺乏，提高了消费成本，甚至造成了"劣币驱逐良币"的现象。这些都阻碍了我国消费品工业从低附加值向高附加值转型升级。

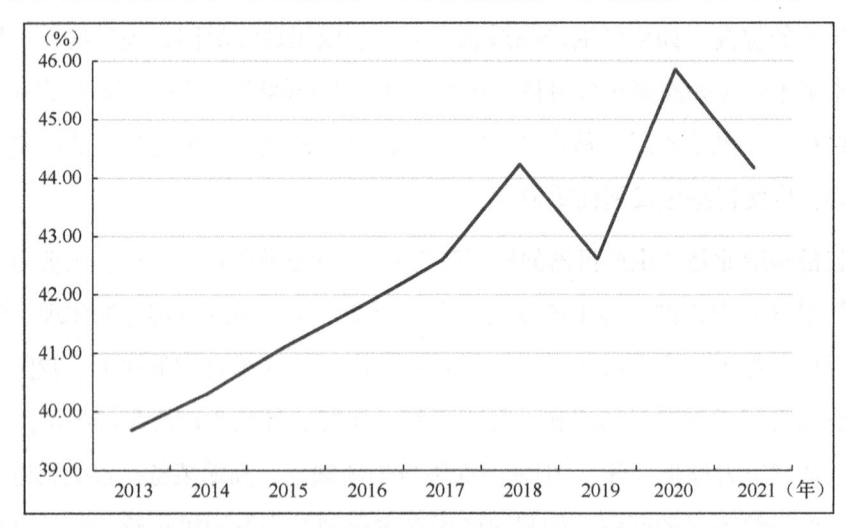

图 4-2　2013—2021 年我国居民人均服务消费占总消费比例

数据来源：国家统计局官网，赛迪工经所整理，2023.01

第二节　企业竞争力不强

企业是社会主义市场经济的载体，是经济发展的基础，更是产业链、供应链的主导力量和产业的支撑。企业强则经济强，企业稳则经济稳。从企业角度看，工业稳增长面临的突出问题是缺乏优质企业和世界一流企业。

如图 4-3 所示，随着中国经济融入世界分工格局，世界 500 强企业中，我国企业的数量稳步提升，从 2015 年的 110 家企业增加到 2021 年的 145 家，在 500 强中的占比从 22% 提升至 29%，占到了近三分之一，且稳居全球第一。从最初仅限于能源、钢铁等原材料企业到如今遍及各行各业，这充分说明中国企业的整体竞争力有明显的提升。但从结构来看，以 2021 年的世界 500 强榜单为例，美国榜单中共有 57 家科技企业，占比为 45.97%；中国共有 46 家科技企业，占比仅为 31.72%。排名前 30 位上榜企业中，中国以能源、金融、建筑企业为主，如四大国有银行、中国建筑、中石油、中石化等，而美国以科技企业为主，如亚马逊、苹果、微软和谷歌等。

	2015年	2016年	2017年	2018年	2019年	2020年	2021年
占比（%）	22.0	23.0	24.0	25.8	26.6	28.6	29.0
数量	110	115	120	129	133	143	145

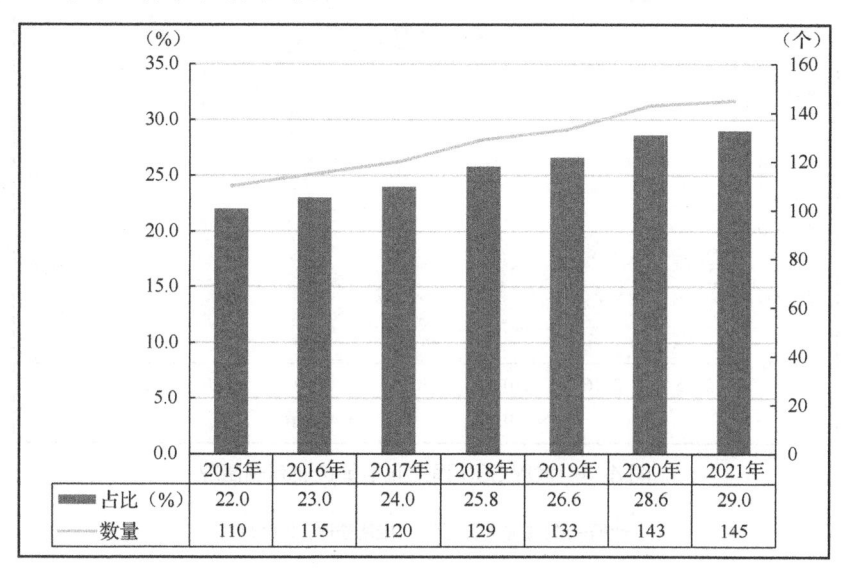

图 4-3　世界 500 强企业中国企业数量及占比

数据来源：《财富 FORTUNE》，赛迪工经所整理，2023.01

从盈利能力来看，上榜中国企业的利润率远远低于美国和世界平均水平。世界 500 强企业中美企业利润相差依旧较为明显。如图 4-4 所示，2015 年美国企业与中国企业的利润比为 1.97，2016—2019 年持续下降到 1.83，2020 年受新冠疫情影响快速持续下降到了 1.23，这可能是中国有效控制疫情，生产能力快速恢复所致。但 2021 年又上升到了 2.08，差距进一步拉大。中国企业的盈利能力与世界 500 强公司的平均水平相比，差距也在逐渐拉大。2021 年 145 家上榜企业的平均利润为 41 亿美元，所有上榜企业平均利润为 62 亿美元。其他国家中，德国上榜企业的平均利润为 44 亿美元，英国为 69.6 亿美元，法国为 48.5 亿美元。值得注意的是，此次中国共有 10 家银行企业上榜，而这 10 家银行的利润占据了全部上榜企业的 42%。银行业利润占比较高，必然会挤压非银行业尤其是制造业的利润，不利于产业协调发展。

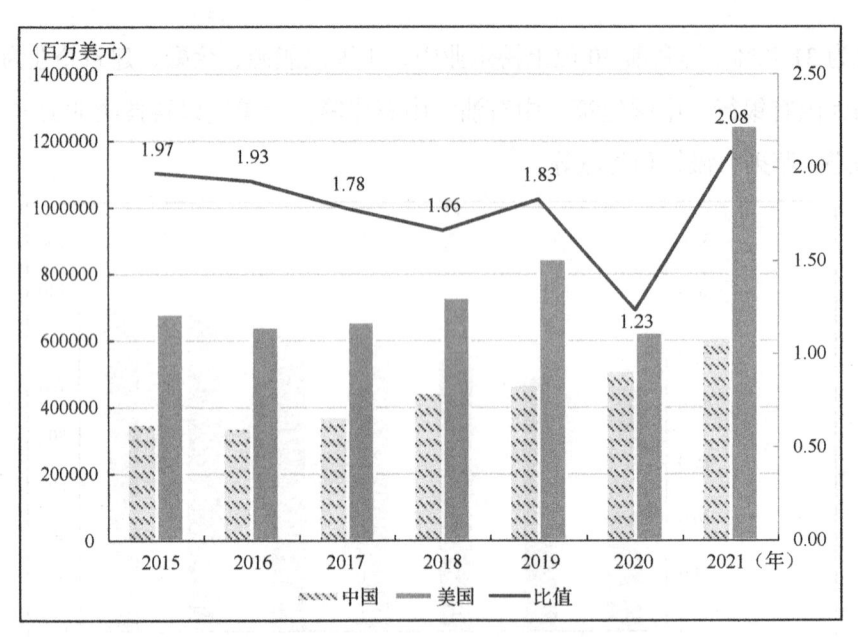

图 4-4　世界 500 强企业中美企业利润情况

数据来源：《财富》，赛迪工经所整理，2023.01

第三节　产品品质和品牌建设薄弱

品牌以产品品质为基础，产品质量和产品多样性是品牌的保证和核心。从产品角度看，我国工业稳增长面临的突出问题是产品品质与全球中高端产品相比存在差距，缺乏世界知名品牌。

世界品牌实验室（Word Brand Lab）根据市场占有率、品牌忠诚度和全球领导力三项指标对世界约 15000 个知名品牌进行评分，并公布排名前 500 的品牌。[①] 2021 年美国品牌占据 500 强中的 198 席，以较大优势占据世界品牌第一强国位置。从 2004 年到 2014 年，中国从只有 1 个品牌上榜（海尔）增加到有 31 个。最新数据显示，2021 年有 67 个品牌进入榜单。中国品牌的数量上升较快，虽然和世界一流品牌差距依然很大，但差距在不断缩小。如图 4-5 所示，对比 2014—2021 年中美品牌上榜数量可见，2014 年，美国上榜品牌是中国的 7 倍多，2018

---

① 第一届始于 2004 年，但当时只评选了 100 强。

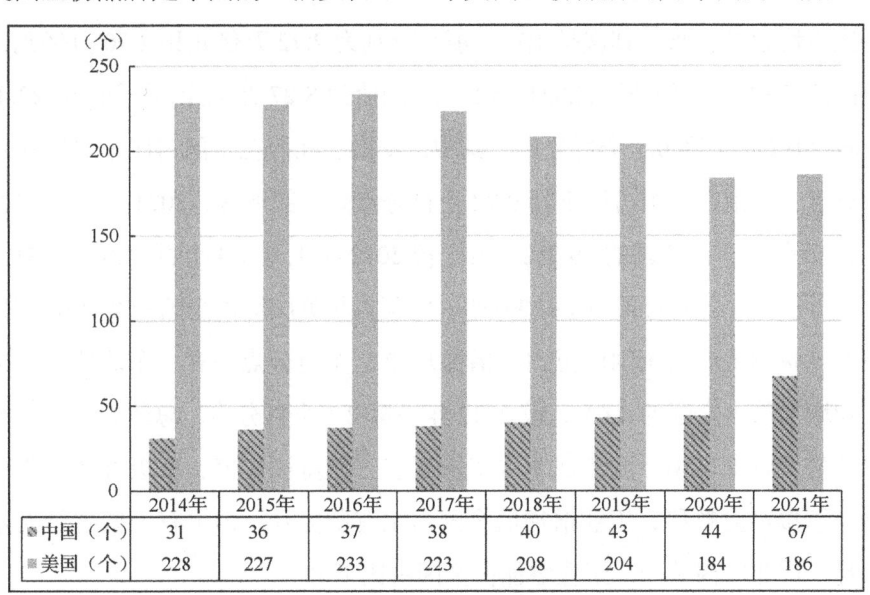

年美国上榜品牌是中国的 5 倍多，2021 年美国上榜品牌约为中国的 3 倍。

	2014年	2015年	2016年	2017年	2018年	2019年	2020年	2021年
中国（个）	31	36	37	38	40	43	44	67
美国（个）	228	227	233	223	208	204	184	186

图 4-5　世界品牌 500 强中美对比

数据来源：WorldBrandLab.com，赛迪工经所整理，2023.01

品牌和品质相辅相成。制造业产品可靠性水平和关键生产过程质量控制能力较低是"中国制造"产品和品牌缺乏竞争力的主因。核心零部件、关键材料和基础工艺的缺乏是整机装备尤其是制造装备精度不够的关键，可靠性（设计、测试验证）等标准体系建设滞后、产业链上下游标准衔接存在问题也进一步影响了产品的品质。制造过程对生产工艺、关键设备的性能要求越来越严苛，监测和控制不及时、不科学，缺乏全面的质量管理也是导致产品品质附加值低的另一因素。

第四节　区域发展不平衡加剧

从工业增加值规模看，东部地区撑起我国工业"半壁江山"，西部地区工业规模不断提升，中部、东北地区工业地位有所下降。如图 4-6 所示，东部地区，2021 年工业增加值达到 19.83 万亿元，占全国的 53.8%，占比较 2012 年提升 1.4

个百分点。其中，广东、江苏工业增加值分别为 4.51 万亿元和 4.46 万亿元，占全国比重均超过 12%。其次是山东、浙江分别为 2.72 万亿元和 2.70 万亿元，均占全国的 7.30%。中部地区，2021 年工业增加值为 8.27 万亿元，占全国的 22.4%，占比较 2012 年下降 0.5 个百分点。其中，安徽、江西在全国占比小幅提升 0.26 个百分点，河南在全国占比下降 0.72 个百分点。西部地区，2021 年工业增加值为 7.08 万亿元，占全国的 19.2%，占比较 2012 年上升 1.4 个百分点。其中，四川、陕西分别占全国的 4.19% 和 3.05%，内蒙古和重庆均占全国的 2.15%。同时，内蒙古、贵州工业占全国比重均小幅提升 0.5 个百分点左右。东北地区，2021 年工业增加值占全国的 4.6%，较 2012 年下降 2.3 个百分点。总体看，我国部分省份凭借着营商环境、要素成本等优势吸引工业持续集聚，积极推动产业转型升级、承接产业转移，工业增加值全国占比有所提升，但也有一些省份人才供应不足、产业结构单一，工业增加值全国占比下降。

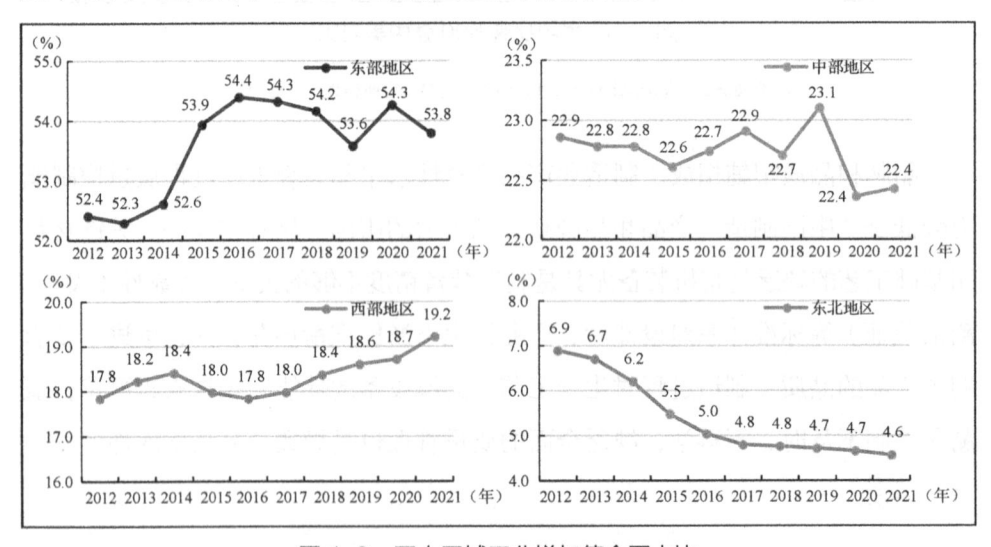

图 4-6 四大区域工业增加值全国占比

数据来源：国家统计局，赛迪工经所整理，2023.01

从工业增加值占 GDP 比重看，中部和东北地区工业增加值占 GDP 比重下滑，东部和西部地区占比有所提升。东部地区，2021 年工业占 GDP 比重为 33.48%，较 2012 年下降 7.41 个百分点。其中，江苏工业增加值占 GDP 比重最高，为 38.36%；广东、浙江、福建工业增加值占比也都在 36% 以上。山东和上海工业增加值占比下滑较快，均较 2012 年下降 10 个点以上。中部地区，2021 年工业占 GDP 比重为 33.04%，较 2012 年下降 10.70 个百分点。其中，河南和湖北下滑幅度最大，分别下降 12.53 和 11.87 个百分点；其他中部省份占比下滑幅度也都在 9 个点以上。西部地区，2021 年工业占 GDP 比重为 29.54%，较 2012 年下降 7.53 个百分点。其中，内蒙古、陕西、宁夏工业占比最高，均超过 37%。东北地区，2021 年工业占 GDP 比重为 30.20%，较 2012 年下降 10.37 个百分点。只有吉林工业占比小幅下滑，其他两个省占比下滑幅度均较大。总体看，当前工业增加值占比下降与我国经济发展阶段和产业演变规律密切相关，但有些省份尚未进入工业化后期，工业增加值占比却在短时间内快速下降，这将影响经济平稳持续发展，引发产业空心化担忧，不利于工业持续健康发展。

第五节 产业链外迁压力加大

从产业链供应链角度看，我国工业稳增长面临的突出问题是高端领域受到欧美发达经济体阻击、低端领域受到东南亚等新兴经济体侵蚀，产业链外迁压力加大。

国际金融危机之后，发达国家对制造环节的参与程度提高，制造外包动力降低，制造业回流趋势加强。特别是，2018 年以来中美博弈愈演愈烈，美国持续以供应链安全之名不断升级对我国的战略遏制，极力拉拢盟友搞供应链阵营化，打造排华供应链。2020—2022 年新冠疫情重创全球产业链供应链，美欧日等发达经济体出于政治、安全等考虑，纷纷通过经济补贴、政治施压手段，迫使跨国企业加大对本土投资，加大我国与全球供应链脱钩风险。美国商务部数据显示：2022 年 10 月份，美国高科技产品进口同比增长 20.1%，增速较上月加快 4 个百分点，其中，自我国进口同比下降 1.4%，增速较上月回落 6.4 个百分点；自我国高科技产品进口占比较上月回落 2 个百分点至 23.3%，而自欧盟、新加坡、日本进口比重较上月分别提高 3.3、1.3、0.6 个百分点，产业链供应链转移效应开始逐步显现。

与此同时,众多新兴经济体充分发挥劳动力、土地资源、能源等优势,积极分流我国现有部分产业。特别是,近年来越南、印度等新兴经济体凭借廉价资源、优惠政策和疫情防控放开较早等优势,积极承接国际产业转移,加大我国产业链供应链外迁风险。据统计,2017—2019 年我国与印尼、印度出口产品的相似度从 17.4%、45.7%提高至 20.6%、48.9%,主要集中在服装、玩具等中低端制造业。越南、缅甸、印尼等东南亚国家在价值链的中低端对我国形成挤压,抢占我国市场,可能导致我国在价值链攀升过程中出现产业空心化现象。

第五章 | Chapter 5

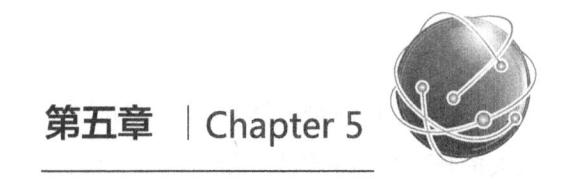

工业稳增长的长效机制探索：供给侧

从传统经济发展理论来看，影响工业增长的核心要素是技术、人才、资本、土地等，但是近年来受全球政治局势动荡等因素的影响，能源矿产资源等要素对经济稳定发展的影响日益凸显。再加上新一轮科技革命兴起和全球能源转型推进所带来的数字化、绿色化趋势不可阻挡，因此，供给侧重点探索构建创新、人才、能源原材料等核心要素高质量稳定供应来促进工业稳增长的长效机制，以及数字化转型、绿色化转型对工业稳增长促进作用的长效机制。

第一节　创新链与产业链深度融合机制

工业化是国家经济发展的必由之路，工业化的历史就是技术创新和技术创新扩散的历史，创新是经济持续增长的动力源。我国工业技术创新取得了显著成效，大大提升了社会生产力和综合国力，但仍存在关键核心技术供给能力不足、创新要素投入不足、创新资源整合还不够等问题，应从加快关键核心技术攻关、强化企业科技创新主体地位、加强创新载体建设、提升科技成果转化和推广水平、完善创新生态保障体系、积极布局未来新兴技术等方面推动创新链和产业链融合。

一、创新与经济增长的关系

（一）创新是推动经济增长的首要动力

长期以来，各国经济学家一直在研究经济增长理论，探索如何推动经济长期持续增长。自18世纪70年代经济学创立以来，西方学者提出了古典增长理论、新古典增长理论、新增长理论等一系列经典经济增长理论。古典增长理论提出劳动和资本要素是经济增长的源泉，新古典增长理论将外生技术要素纳入经济增长模型，认为由于资本收益递减规律，除非外生的储蓄率、人口增长率或技术进步率变化，否则经济不可能实现持续增长。新增长理论提出了技术进步内生增长模型，将经济增长的源泉由外生转化为内生技术进步上。技术进步或者说技术创新是经济持续增长的内在动力已成为全球共识，技术创新对经济增长的作用机制主要体现在改变生产技术和生产方式、通过"扩散效应"促进经济增长质量不断提高等，各国均通过支持教育、加强科技研究与开发、保护知识产权等促进本国经济增长。

工业是经济增长的主体和引擎，工业化是国家经济发展的必由之路，当今世界仍处于工业化不断深化的过程中。工业化的历史就是技术创新和技术创新扩散的历史，后发国家追赶先进国家必须在工业技术方面取得突破和创新。为了评价科技进步对经济增长的影响，国内外专家学者做了大量有关科技进步对经济增长贡献水平的研究。其中，美国著名数学家柯布和经济学家道格拉斯通过研究产出与投入关系，提出了柯布-道格拉斯生产函数，可用于测算技术进步对经济增长的贡献。科技进步贡献率是衡量科技竞争实力和科技转化为现实生产力的综合性指标。有研究表明，科技进步对经济增长的作用越来越大。在发达国家，科技进步对经济增长贡献比例已从20世纪初的20%左右上升到现在的50%~80%。[1]我国科技进步贡献率从2001年的39%提高到2020年的60%。目前，创新型国家科技进步贡献率普遍达到70%以上，美国、德国、日本等国家科技进步贡献率更是超过80%。

（二）创新是提高社会生产力和综合国力的战略支撑

1988年9月5日，邓小平会见捷克斯洛伐克时任总统胡萨克时谈道："马克思说过，科学技术是生产力，事实证明这话讲得很对，依我看科学技术是第一生产力。"[2]党的十八大提出要坚持走中国特色自主创新道路、实施创新驱动发展战略。党的十八届五中全会上提出了"创新、协调、绿色、开放、共享"五大发展理念，创新被提到首要位置。习近平总书记在党的十九大报告中指出："创新是引领发展的第一动力。"在新发展阶段，只有促进科技创新与制度创新、管理创新、商业模式创新、业态创新和文化创新相结合，推动发展方式向依靠持续的知识积累、技术进步和劳动力素质提升转变，才能增强我国经济实力和综合国力，支撑经济的持续增长。

---

[1] 薛欣，赵成龙，房亮：《科技进步对山东省经济增长贡献率的实证分析》。
[2] 中共中央文献研究室：《新时期科学技术工作重要文献选编》。

当前,我国已进入创新型国家行列。2021年,我国研发投入约2.79万亿元,居世界第二位,研发人员总量居世界首位。研发投入与国内生产总值之比达到2.44%,已接近OECD国家平均水平。世界知识产权组织2021年发布的全球创新指数显示,我国科技创新能力在132个经济体中位列第十二位。工业企业技术创新是我国创新发展的主战场。通过原始创新、集成创新和引进消化吸收再创新,一些关键核心技术攻关实现突破,涌现出"嫦娥"探月、"北斗"组网等一批具有标志性意义的科技成果,为建设制造强国奠定坚实基础。党的二十大报告指出:"我国已经在载人航天、探月探火、深海深地探测、超级计算机、卫星导航、量子信息、核电技术、大飞机制造、生物医药等领域取得重大成果。"如核工业作为我国战略性高科技产业,自20世纪50年代开始起步,目前科技实力、创新能力和国际影响力显著提升,已完成从以二代技术为主到自主掌握三代技术,并向四代技术进发的跨越,已实现与国际核大国同处国际先进行列。截至2021年6月30日,我国在运核电机组51台,全球第三;我国在建核电站15座,全球第一;核能发电量超过法国,全球第二。[①]我国自主设计的三代核电"华龙一号"和"国和一号"是我国核电建设的主要机型,其中电站压力容器、蒸汽发生器、主管道等一大批关键设备实现了国产化,超大型锻件、压力容器密封件、核级锆材等关键材料加工技术取得重大突破,为我国装备制造业向中高端迈进注入强大动力。

(三)创新是应对大国博弈和确保产业链供应链安全韧性的关键

近年来,逆全球化思潮抬头,单边主义、保护主义盛行,全球局部冲突频发,世界进入新的动荡变革和大国博弈期。美国相继出台多项法案并提出实体清单以限制我国先进产业发展,在芯片、EDA等领域对我国实施限制,阶段性影响我国新一代信息技术等产业创新发展和产业链供应链稳定,"科技无国界"已成为历史。在此背景下,通过自主创新降低对外技术依赖的重要性日益凸显,尤其是在新一代信息技术、生物医药等我国高端研发创新环节相对落后的领

---

① 叶奇蓁:《我国核能的创新发展》。

域，如何加速提升创新能力，突破关键卡脖子技术，强化产业链供应链安全韧性，将成为未来我国工业向价值链中高端迈进并实现稳定增长的关键。

以芯片产业为例，美国近年来加大对我国芯片产业技术封锁，出台《美国芯片法案》设立禁止性条款，将华为、中兴、中芯国际等多个企业和机构列入美国"实体清单"进行产品出口限制，美国国家人工智能安全委员会（NSCAI）更主张要使我国的半导体技术落后于欧美两代。当前，我国芯片产业多个环节产品自主程度低，替代能力弱，2022年我国集成电路进口额为4156亿美元，约相当于进口原油和铁矿石的总和。来自International Business Strategies的数据显示，我国芯片自给率有所提升但仍仅有25.6%（很多都是低端芯片）。在美国长期技术封锁背景下，我国与欧美芯片先进制程产业链供应链合作被切断，希望通过传统资本整合获取技术的方式基本无法实现，要突破高端光刻设备限制，实现芯片先进制程技术自主，只能通过自主研发创新。

二、我国工业创新存在的主要问题

（一）关键核心技术供给能力不足

我国是世界第一制造大国，具有全产业链的独特优势，然而，许多领域存在技术、材料、零部件等短板问题。关键技术受制于人导致我国制造业呈现大而不强的特征。在大国竞争和新一轮制造强国的竞争中，全球分工体系面临着分化和重组。随着贸易保护主义的抬头和逆全球化的扩大，制造业的大而不强使得产业链供应链面临断供的风险。工信部曾对全国30多家大型企业130多种关键基础材料展开调研，结果值得警醒。32%的关键材料仍为空白，52%的关键材料依赖进口［包括半导体材料（14种）、OLED材料、基板玻璃、高档靶材、碳纤维、高端电池材料等］。[①]

统计数据显示，2019年我国对欧美日等国家和地区的集成电路及相关机器设备、气缸、变速箱、航空发动机、各类机床等的进口额较大。[②]其中，日韩欧

---

① 人民网：《工信部副部长：我国制造业要大力度"引进来"高水平"走出去"》。
② 耿德伟，傅娟：《我国制造业高质量发展面临的挑战与对策》。

美在部分产业发展所需的关键核心零部件、材料等方面仍占据垄断地位。如光刻胶（光刻工艺所需的关键材料），如图 5-1 所示，我国大陆地区 2020 年光刻胶的来源中，日本和韩国占据近 80% 的份额；如图 5-2 所示，2020 年，我国高端轴承钢的来源中，德日韩三国占了六成。这些都是高端制造业发展的关键材料，也是我国的技术短板。与此同时，我国半导体芯片制造业所必需的光刻机主要由荷兰的阿斯麦（ASML）生产，其市场份额占全球的八成以上。一旦相关产品进口中断，必然会给我国产业发展和经济稳定带来不小的冲击。

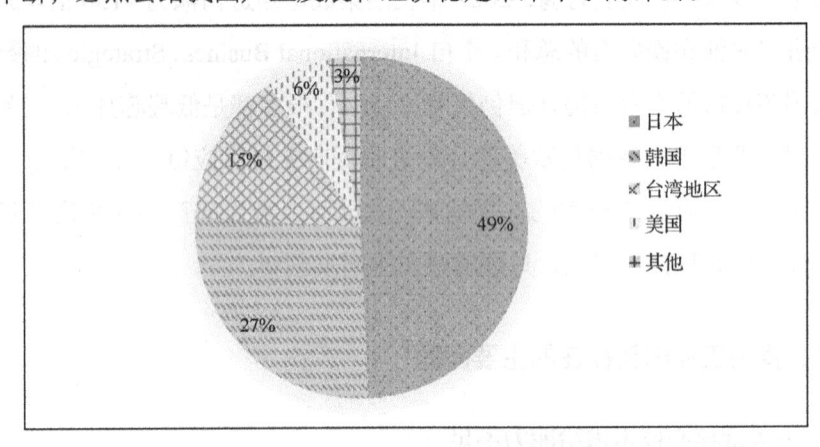

图 5-1　2020 年我国大陆地区光刻胶来源

数据来源：UNComtrade，赛迪工经所整理，2023.01

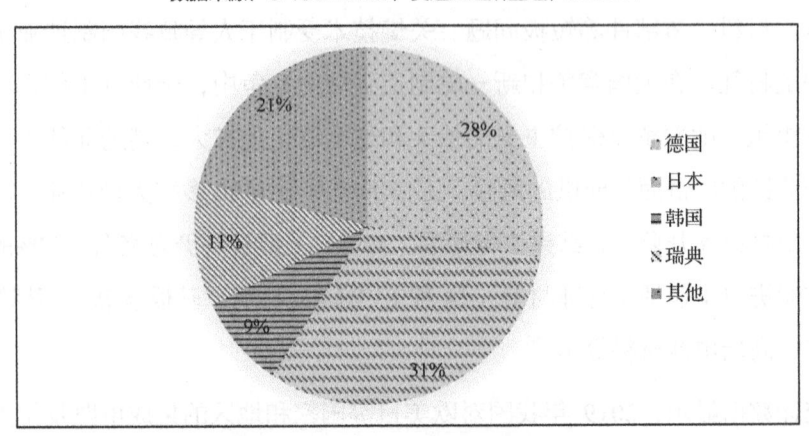

图 5-2　2020 年我国高端轴承钢来源

数据来源：UNComtrade，赛迪工经所整理，2023.01

由此可见，我国距离制造强国还有相当大的差距，核心材料、部件和设备严重依赖进口，制造业核心竞争力的提升无从谈起，缺乏核心竞争力难以支撑工业经济长期发展。一方面导致生产制造成本过高，间接导致产品附加值较低，部分产业链容易陷入"低增值陷阱"；另一方面，核心技术落后或者技术替代储备不足加大了产业链与供应链的压力，降低企业抗风险能力，甚至危及经济稳定和国家安全。

（二）创新要素投入不足

创新对工业增长具有重要支撑作用，加大科技创新研发投入是提升国家创新水平的重要手段。近年来我国在研发经费投入规模、R&D 人员投入规模等方面取得了较大进步，2020 年我国 R&D 经费投入总量为 2.8 万亿元，连续 5 年保持两位数增长，投入规模稳居全球第二，但与美国差距仍较大。与此同时，我国仍面临基础研发投入比重较低、R&D 人员投入强度不足等问题。如图 5-3 所示，2020 年我国研发投入强度达 2.4%，超过欧盟 27 国平均水平，但仍低于韩国、美国、日本、德国等发达国家。我国在创新质量方面与欧美发达国家仍有一定差距，创新对工业增长的促进作用有待提升。

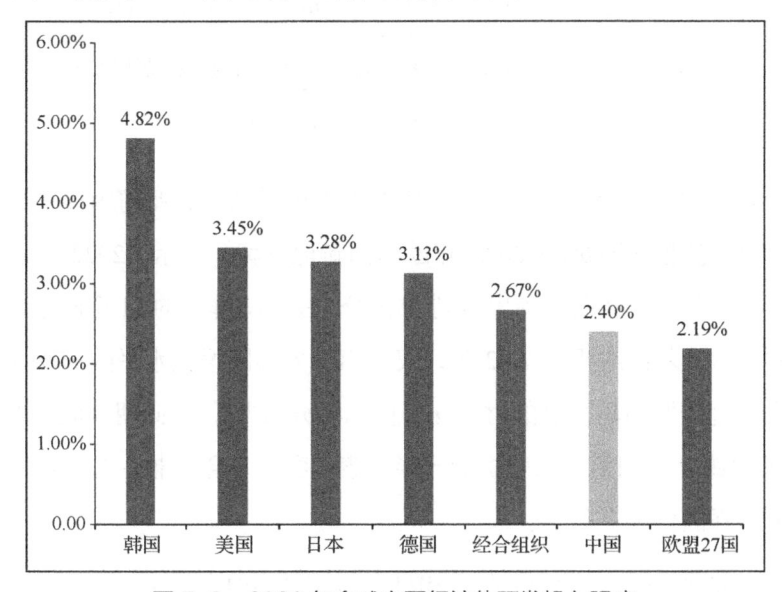

国家/组织	研发投入强度
韩国	4.82%
美国	3.45%
日本	3.28%
德国	3.13%
经合组织	2.67%
中国	2.40%
欧盟27国	2.19%

图 5-3 2020 年全球主要经济体研发投入强度

数据来源：OECD，赛迪工经所整理，2023.01

一是基础研发投入比重较低。基础研究是国家科技创新实现重大突破的源头，不断加强基础研究投入是提升我国原始创新能力的关键。如图 5-4 所示，2019 年美国、英国、日本、韩国、法国基础研究经费占国内研发投入比重为 12%～23%，远高于中国的 6.0%。近年来我国持续加大基础研发投入，2021 年我国基础研究经费为 1817 亿元，5 年年均增速达 17.2%，基础研究经费投入规模达到全球第二，占国内研发总投入比重达创历史新高的 6.5%，但仍与美日韩等发达国家相差较大，创新研发投入结构有待优化。

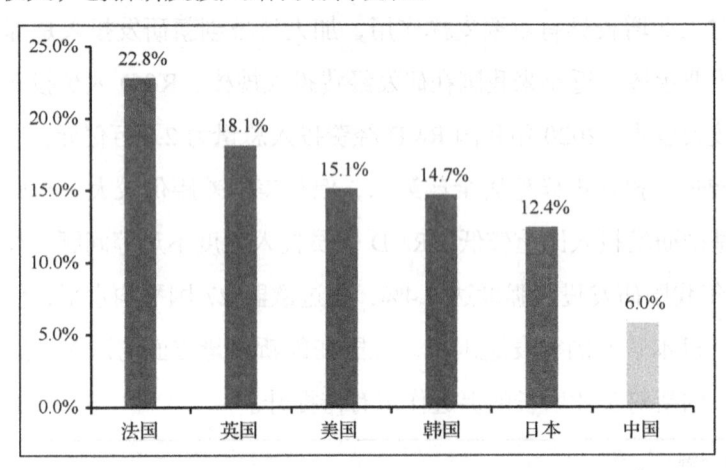

图 5-4　2019 年主要经济体基础研究经费占国内研发费用比重

数据来源：OECD，赛迪工经所整理，2023.01

二是政府和高校等公共部门直接研发支出相对较低，政府为促进研发活动提供的财政支持相对不足。《2022 年欧洲创新记分牌》显示，2022 年我国政府和高校等公共部门直接研发支出得到 75.8 分，在参与排名的 11 个国家中位列第七，与同期欧盟基准线相差 24.2 分，仅为第一名韩国投入水平的 60%左右。我国政府为促进研发活动提供的财政支持指标得分 77.3，与同期欧盟基准线仍有 22.7 分的差距，不到第一名韩国的一半，表明我国在创新投入方面的财政支持强度与创新强国仍存在差距。

三是企业研发投入相对不足。《2021 年欧盟工业研发投资记分牌》显示，如图 5-5 所示，在上榜的全球研发投资 2500 强企业中，我国企业研发强度由 2010 年的 1.2%增长到 2020 年的 3.6%，增长了两倍，但仅位居全球研发投入规模排名前

10国家中的第7名，不足瑞士和美国企业研发强度的一半，与德国、荷兰也相差超过1个百分点。作为创新主体的企业投入强度仍然未能跻身创新投入领先集团。

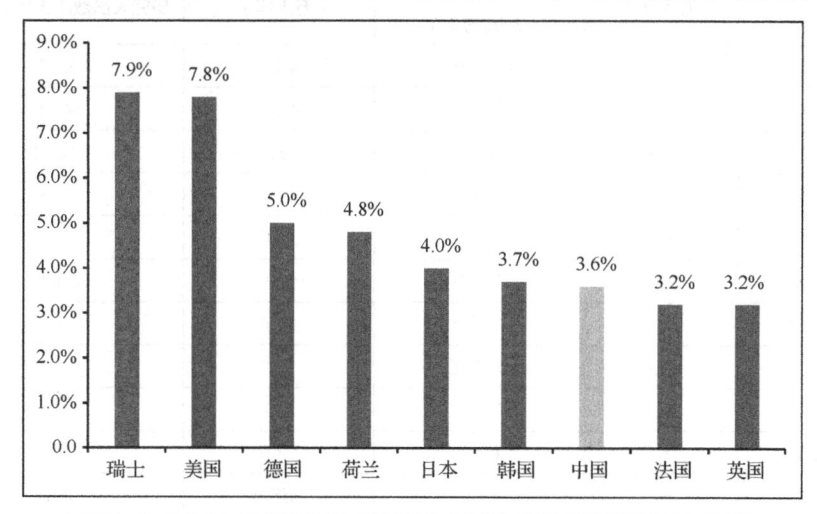

图5-5　2020年全球研发投资2500强企业分国别研发投入强度

数据来源：《2021年欧盟工业研发投资记分牌》，赛迪工经所整理，2023.01

四是创新人才投入比重与发达国家存在差距。我国高度重视创新人才投入，2020年我国R&D人员全时当量达509.2万人年，自2013年以来稳居世界首位，但全国R&D人员投入强度、R&D人员中的R&D研究人员占比与世界主要经济体相比仍有差距。2020年我国每万名就业人员中R&D研究人员数量仅为30人，与韩国（166人）、瑞典（158人）、丹麦（150人）、法国（114人）、日本（101人）、德国（100人）等国家差距较大，多数发达国家的每万名就业人员中R&D研究人员数量是中国的3倍以上。2019年全国R&D研究人员在R&D人员全时当量中的占比仅为43.9%，对于世界主要经济体，该数据都在50%以上，韩国R&D研究人员占比高达81.5%（见表5-1）。

表5-1　2019年R&D人员全时当量超过10万人年的国家情况

国家	R&D人员（万人年）	每万名就业人员的R&D人员数（人年/万人）	R&D研究人员（万人年）	每万名就业人员的R&D研究人员数（人年/万人）
中国	480.1	62.0	210.9	27.2
日本	90.3	130.4	68.2	98.5

续表

国　　家	R&D 人员（万人年）	每万名就业人员的R&D 人员数（人年/万人）	R&D 研究人员（万人年）	每万名就业人员的 R&D 研究人员数（人年/万人）
俄罗斯	75.4	104.8	40.1	55.7
德国	73.4	162.2	44.9	99.3
韩国	52.6	193.8	43.1	158.8
英国	48.6	148.2	31.7	96.8
法国	46.4	163.1	31.4	110.5
意大利	35.5	139.5	16.1	63.1
西班牙	23.1	114.2	14.4	71.1
波兰	16.4	100.2	12.1	73.8
荷兰	16.0	167.1	9.9	103.4
土耳其	18.3	65.9	13.6	48.8
美国	—	—	155.5	98.5

数据来源：中国科技部、赛迪工经所整理，2023.01

（三）创新载体管理方式和机制建设等方面有待提高

创新平台是区域创新的承载地和策源地。我国科技创新平台包括科技产业园区、重点实验室、工程实验室、工程技术研究中心、企业技术中心、企业研发中心、制造业创新中心、产业创新中心、国家技术创新中心、公共技术服务平台、科技企业孵化器、科技企业加速器、众创空间等。

一是各类创新平台存在多头管理、交叉重复、相互脱节等现象。部分地区科技创新平台之间缺乏有效的协调机制，科技、教育、财政、发改、工信等部门之间协同性差，缺乏一个强有力的组织统筹和领导，无法有效整合政产学研等各方面的资源，执行力不强，各自为政现象突出，无法形成合力，致使科技创新效率不高。

二是高科技园区建设存在集聚创新资源的能力有待提高、目标短期化等问题。当前，由于信息壁垒以及缺乏合理的利益分配机制等问题，高科技园区的企业与高校、科研院所的供给不匹配，中小企业创新能力更是不足。高科技园区对如何引进和孵化海外项目，加强与海外项目联动还缺乏经验。企业普遍重视短平快、见效早的研究项目，集成创新较多而原始创新成果产出少，对基础性、战略性、前瞻性创新项目的重视和投入不足，对技术研发缺少长期规划。

三是我国省级制造业创新中心建设机制有待完善。制造业创新中心是我国制造业领域创新的重要载体，各地除了争创国家级制造业创新中心外，还积极建设省级制造业创新中心，但还存在政策支持重点方向不够合理、机制不健全、资金投入和管理方式有待改善、缺乏有针对性的创新要素保障等问题。目前，多数省市的扶持政策仍集中在启动建设环节，对制造业创新中心建设以帮扶为主，成效考察偏重建设过程，缺乏对研发活动的支持，也缺乏引导共性技术研发成果、倒逼成果转移转化的机制设计。

2016—2022年国家制造业创新中心名单见表5-2。

表5-2 2016—2022年国家制造业创新中心名单

编号	时间	名称	省（区市）	城市
1	2016年	国家动力电池创新中心	北京	北京
2	2017年	国家增材制造创新中心	陕西	西安
3	2018年	国家印刷及柔性显示创新中心	广东	广州
4	2018年	国家信息光电子创新中心	湖北	武汉
5	2018年	国家机器人创新中心	辽宁	沈阳
6	2018年	国家集成电路创新中心	上海	上海
7	2018年	国家智能传感器创新中心	上海	上海
8	2018年	国家数字化设计与制造创新中心	湖北	武汉
9	2018年	国家轻量化材料成型技术及装备创新中心	北京	北京
10	2019年	国家先进轨道交通装备创新中心	湖南	株洲
11	2019年	国家农机装备创新中心	河南	洛阳
12	2019年	国家智能网联汽车创新中心	北京	北京
13	2019年	国家先进功能纤维创新中心	江苏	苏州
14	2020年	国家稀土功能材料创新中心	江西、内蒙古	赣州、包头
15	2020年	国家高性能医疗器械创新中心	广东	深圳
16	2020年	国家集成电路特色工艺及封装测试创新中心	江苏	无锡
17	2020年	国家先进印染技术创新中心	山东	泰安
18	2021年	国家地方共建硅基混合集成创新中心	重庆	重庆
19	2021年	国家5G中高频器件创新中心	广东	深圳

续表

编号	时间	名称	省（区市）	城市
20	2021年	国家玻璃新材料创新中心	安徽	蚌埠
21	2021年	国家高端智能化家用电器创新中心	山东	青岛
22	2021年	国家智能语音创新中心	安徽	合肥
23	2021年	国家现代中药创新中心	天津	天津
24	2022年	国家石墨烯创新中心	浙江	宁波
25	2022年	国家虚拟现实创新中心	江西、山东	南昌、青岛
26	2022年	国家超高清视频创新中心	四川、广东	成都、深圳

资料来源：赛迪研究院整理，2023.01。根据工业和信息化部发布的《关于完善制造业创新体系，推进制造业创新中心建设的指导意见》，围绕重点行业转型升级和新一代信息技术、智能制造、增材制造、新材料、生物医药等领域创新发展的重大共性需求，到2020年，形成15家左右国家制造业创新中心；到2025年，形成40家左右国家制造业创新中心。在有条件、综合实力较强的地方，建成一批省级/区域制造业创新中心，作为国家制造业创新中心的支撑和补充。

（四）科技成果转化推广难度大

科技成果转化是科技与经济结合的最好形式，是落实"科学技术是第一生产力"的关键。当前我国在发明专利数量，论文产出数量等方面进步明显，但在科技成果质量、百万人口科技论文产出量、专利转化率等方面仍有待提高。

一是科技成果产出比相对较低，专利分布领域相对较窄。近年来，我国发明专利数量大幅增加，2021年达69.6万件，拥有的有效专利数量达到360万件，首度超越美国，成为世界第一。2021年，我国PCT国际专利申请量达6.95万件，连续三年位居全球第一，比美国高出1万件。但我国百万人口PCT国际专利申请量仅为49件，与挪威（762件）、瑞士（619件）、瑞典（428件）、韩国（400件）、日本（396件）等发达国家差距较大，如图5-6所示。我国PCT国际专利结构较为单一，与美国相比，我国专利申请主要集中在通信领域，而美国在材料、化学等领域均有涉及。在世界知识产权组织发布的《全球创新指数》报告中，我国"每10亿美元GDP产出的至少在两个国家提交同族专利申请的数量"这一指标仅排名世界第27位，反映出我国专利质量和创新的国际化水平有待提升。

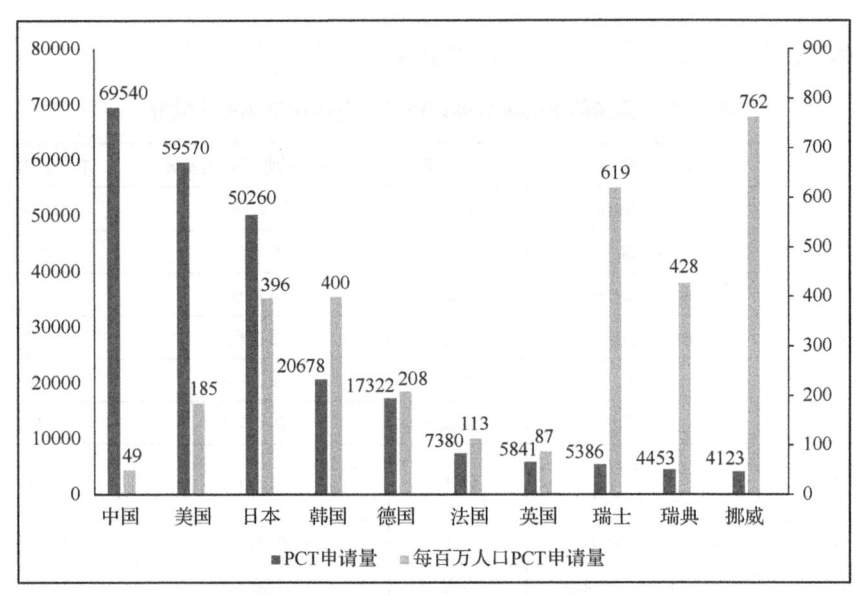

图 5-6　2021 年全球 PCT 国际专利申请量 TOP10 国家

数据来源：世界知识产权组织，赛迪工经所整理，2023.01

二是专利转化率和转化效率不高。当前，我国科技成果转化率平均约为 10%[①]，与发达国家 30%~40% 的转化率尚存显著差距。同时，由于我国高校专利转化多为一次性售卖，企业如果产业化落地不畅，将造成专利闲置和浪费，降低科技成果转化效率。美国高校只能通过专利许可来进行技术转化，这就促使非独家许可的专利可以和多个不同企业签订多个合同，专利产业化落地概率相对较大，转化效果十分显著。

三是部分领域新技术装备推广难度大。在集成电路等先进制造领域，美日的垄断地位及限制性政策成为中国后发赶超的现实障碍，领先企业超长的产品线对用户形成强大的锁定效应，国产创新设备在制程精度、稳定性、产能、成本、效率等方面处于劣势，难以实现推广应用。据国金证券测算，2021 年国产半导体设备采购额占中国大陆半导体设备需求的 10%~15%，目前中国大陆的设备市场主要被 AMAT、Lam Research、TEL、KLA 等国际公司垄断，尤其是薄膜沉积、过程控制、离子注入、光刻机等领域，进口设备占据绝对主导，国产化率较低。

---

① 此处将科技成果限定为发明专利，用"发明专利转化率"指代"科技成果转化率"。

全球前十的半导体设备厂商营收和市场占比情况见表 5-3。

表 5-3 全球前十的半导体设备厂商营收和市场占比情况

序 号	公 司 名 称	国 家	2021年营收（百万美元）	市 场 占 比
1	Applied Materials	美国	17738.1	19.20%
2	ASML	荷兰	16149.9	17.50%
3	Tokyo Electron	日本	14128.8	15.30%
4	Lam Research	美国	13746.4	14.90%
5	KLA	美国	6012.8	6.50%
6	SEMES	韩国	2214.2	2.40%
7	Screen Semiconductor	日本	2199.6	2.40%
8	Kokusai Electric	日本	1783.1	1.90%
9	ASM International	荷兰	1665.6	1.80%
10	Murata Machinery	日本	1218.8	1.30%

数据来源：SEMI、中邮证券，赛迪工经所整理，2023.01

（五）创新生态系统有待优化

当前，国际竞争焦点已从单一科技创新能力转向基于国家创新生态系统的整合创新能力。构建高效的国家创新生态系统，是实施创新驱动发展战略、建设创新型国家的必然要求。当前，我国创新生态系统还存在环境不完善，资源配置效率不高、协同性不强等问题。

一是创新环境有待完善。我国科研评价激励机制不够合理，大部分项目申报偏重事前评价，对事中和事后评价的重视程度不够。很多高校将在国际上发表论文情况作为科研评价和人才选拔的关键标准，导致越来越多的科研人员不关心国家和社会的现实需求，只关心国外的学术期刊偏好。科技人才的积极性尚需激发，以增加知识价值为导向的分配政策没有完全落地。由于缺乏相应的体制机制和必要的制度保证，允许失败、宽容失误的创新文化建设仍需加强。

二是资源配置效率还不高，仍存在分散、重复、低效的现象，创新链产业链资金链人才链融合不够。创新资源包括人力、物质、财务、知识、技术、信息以及创新文化等无形资源。创新生态系统的形成与发展也存在物质、能量和信息的流动，能量流动能够提高系统内创新团队间交互学习的能力，信息流动能够促进与创新相关的政策、市场、技术等信息在创新主体间的传递。受制于体制束缚和激励机制不足的影响，创新资源要素流动还不通畅。

三是系统内部合作机制不完善。单个企业特别是中小型企业通常无法单独完成系列技术创新，存在一定合作关系，包括技术协同创新、经费协同投入、人员协同投入等。企业在合作过程中因利益冲突会产生矛盾与风险。这种风险直接导致合作机制的涣散，在没有良好协调方式的情况下，产业技术创新受到利益冲突的影响无法进行，从而破坏创新生态系统的稳定状态。

三、建立创新链与产业链深度融合机制

（一）加快关键核心技术攻关

习近平总书记在多个场合强调："关键核心技术是要不来、买不来、讨不来的"，"核心技术靠化缘是要不来的，必须靠自力更生"。要提高我国创新能力，深化创新链产业链融合，急需聚焦产业链短板，开展关键核心技术集中攻关。一是健全新型举国体制提升创新能力。在新发展阶段，新型举国体制需要兼顾市场决定资源配置和更好发挥政府作用，系统布局国家战略科技力量，积极探索创新合作模式，建立跨领域、跨部门统筹机制，提升科技攻坚和应急攻关的体系化能力，集中力量加快技术突破。二是深入落实关键核心技术攻关的"揭榜挂帅"机制。聚焦国家安全、产业链安全和民生保障，全面梳理产业链关键环节核心产品的对外依存度，聚焦产业链短板，形成关键核心技术攻关任务清单，面向社会公开征集技术解决方案，用市场竞争机制激发创新活力。进一步完善与"揭榜挂帅"制度相配套的机制，健全榜单筛选机制，建立高效的评价监督考核机制，优化容错机制等。三是构建新型投入机制。加大中央财政投入力度，优先保障重大任务攻关资金需求。鼓励引导现有国家产业投资基金加大对攻关任务承担企业的投资力度，探索建立中央财政支出、地方政府、企业、机构、基金等共同构成的多元化核心技术攻关投融资体系。

（二）强化企业科技创新主体地位

习近平总书记多次强调："创新链产业链融合，关键是要确立企业创新主体地位。"一是发挥企业创新主体作用，鼓励企业联合高校、科研院所等开展产业链关键技术攻关和产业化，在工业转型升级、技术改造等专项中予以优先支持。支持行业领军企业联合高校、科研院所和上下游大中小企业组建创新联合体，支持高校、科研院所和企业建设共性技术研发平台和新型研发机构，推动产业链创新链融合发展。二是鼓励和引导企业从市场和产业发展需求出发，梳理亟待攻克的产业技术难题，形成真实有效的科研项目需求清单，积极参与国家重大科研项目的顶层设计。三是加大对企业研发的支持力度。支持企业加大研发投入，在落实企业研发费用税前加计扣除政策的基础上，鼓励各地对制造业企业研发投入年度新增部分给予奖补支持。加快推动科研仪器设备和实验室共享，支持和带动更多企业开展研发活动。

（三）加强创新平台和载体建设

作为创新体系的重要组成部分，创新平台和载体是培养创新人才、聚集创新资源的重要抓手，是推动科技进步与创新的基础支撑。加强创新平台和载体建设的举措主要如下：一是高水平推进国家科研机构、研究型大学和科技领军企业等国家战略科技力量建设，增强创新策源能力。二是强化园区的载体支撑作用。着力推进产业园区创新型产业集群培育和科技创新服务体系建设。支持产业园区尤其是高新区打造孵化器、众创空间等标杆性科技服务平台。完善园区考评体系，广泛借助专家、第三方研究机构等"外脑"，构建更专业的评价诊断机制。三是完善省级制造业创新中心建设。打破财政资金的使用限制，从只允许支持硬件设备采购，转变为对人才引培、无形资产采购等创新活动的全方位支持。把以往一次性奖励、事后评估的扶持方式，改进为"前期拨付+后期补助"的方式。四是加强中小企业创新载体建设。加大中小企业创新创业载体开发建设补贴、贴息等政策支持力度。鼓励社会资本及专业第三方机构参与载体建设与运营，引入科研机构、高校等专业管理运营团队，构建基于全创新链的资源高效匹配模式，实现专业化管理创新。

（四）提升科技成果转化和推广水平

科技成果转化是科技与经济相结合的关键环节，是最直接、最有效促进经济发展的形式。十九届五中全会提出"大幅提高科技成果转移转化成效"。一是要提高科技成果供给质量，进一步增强企业在项目遴选、科研立项中的参与度和建议权，强化科研项目的应用导向和产业价值。优化科研人员评价选拔机制和科研成果评价机制，减少低质量科研成果产出，提升科研效率。二是要完善科技成果转化机制，强化科技中介服务机构能力建设，加强产品经理等学科设置，加快培养专业的"贴近市场，懂技术"的技术转化经理人，更好地服务和推动创新成果转移扩散。三是加强科技成果转化激励，建立与科技创新、成果转化人员实际付出相匹配的收入分配和激励制度，构建"关键贡献者"优先的职务科技成果产权制度，完善投资机构参与成果转化机制，为科技成果创造与转化各方提供合理收益的稳定预期，实现成果创造与转化激励的长效化。四是加强关键核心新产品推广应用。聚焦集成电路、新能源汽车、医疗装备等重点领域，进一步加大"首台套""首批次"应用政策支持力度，完善"首批次"应用保险补偿机制，发挥央企、国企的社会责任和带动作用，在产品配套方面优先考虑国产"首台套"重大技术装备和"首批次"新材料。

（五）完善创新生态保障体系

促进创新链与产业链深度融合，不仅需要技术攻关、基础设施等"硬件"支撑，更需要制度、服务等"软件"保障。一是优化创新环境。继续加大知识产权保护力度，切实保障企业创新收益，增强企业研发动力，激发企业创新活力。建立知识产权侵权快速反应机制，对恶意侵权、长时间持续侵权、商标侵权等行为，严格执行侵权惩罚性赔偿制度。设立知识产权和科技成果交易机构，打造综合性知识产权运营服务枢纽平台，建立规范有序、充满活力的市场化运营机制，加强作品资产评估、登记认证、质押融资等服务。二是要优化创新资源配置效率。推进有效市场与有为政府的结合，凝聚政府、企业、用户、高校和科研院所等主要科技创新力量，畅通各主体之间的深度互动渠道，促进资金资源、人才资源和隐性知识要素在创新生态体系中更好地流动，实现创新链上中下游及创新环境与最终用户的高效对接。三是优化中小企业合作创新机制。主管部门应着力构建政府公共服务、市场化服务、公益性服务协同促进的服务体系，通过搭建创新成果对接、大中小企业融通创新、创新创业大赛、供需对接等平台，汇聚服务资源，创新服务方式，为中小企业提供全周期、全方位、多层次的服务。

（六）积极布局未来新兴技术

"抓创新就是抓发展，谋创新就是谋未来。"未来产业是重大科技创新产业化后形成的前沿产业，与战略性新兴产业相比更能代表未来科技和产业发展的新方向，对经济社会变迁起到关键性、支撑性和引领性作用。应积极布局未来新兴技术，一是提升原始创新能力，夯实未来产业发展根基。明显提高基础研究投入占全社会研发投入比例，持续提升基础研究能力。进一步加强中央财政对基础研究的支持力度，调动地方政府参与基础研究投入的积极性，引导企业加大基础研究投入，动员社会力量参与基础研究，完善推动科技捐赠发展的专项税收优惠政策，支持社会各界设立基础研究捐赠基金。二是产业政策的重点应转向对重大技术和产业发展方向的引导上来。国家可围绕人工智能、量子信息、集成电路、先进制造、生命健康、脑科学、生物育种、空天科技、深地深海等前沿领域，发布前沿科技的方向和产业化目标引导全社会的投入，并前瞻部署一批战略性、全局性、储备性国家重点科技项目。三是加快新兴技术应用，推进未来产业跨界融合。强化新型基础设施和应用场景建设，为前沿技术转化提供早期市场并加快产业化应用迭代。打造诸如5G+、工业互联网、智能制造、个性化需求等多个跨场景应用示范，探索开拓未来技术广阔的应用前景。

第二节 制造业人才保障机制

一、制造业人才是工业稳增长的重要资源

制造业是工业的主要组成部分，制造业人才是工业人才的构成主体。作为一项最重要的经济资源，制造业人才资源对于工业经济增长的作用可谓举足轻重，高素质人才资源是工业经济增长的重要源泉，可以影响工业经济增长的速度快慢，高效的人才资源配置更有利于工业经济增长目标的实现。

（一）高素质人才资源是工业经济增长的重要源泉

人才资源的素质一般包括技能素质、科学素质、文化素质、思想素质以及创新素质。高素质的人才资源具备快速学习并接受新技术的能力，将科技成果转化为现实生产力的能力也较强，从而可以快速提高经济效益。所以高素质人才对工业经济增长的贡献率相对较高，尤其表现在高素质人才资源可以快速提升工业劳动生产率。根据联合国教科文组织的研究，以文盲为比较对象，拥有大学文化的工人可以提高工业劳动生产率300%，拥有初中文化的工人可以提高工业劳动生产率108%，拥有小学文化的工人可以能够提高工业劳动生产率43%。其次，工业经济的转型升级需要大量高素质的人才资源提供支撑。人才资源的素质与产业结构的层次紧密相连，有什么样的人才资源素质就有什么样的产业层次。人才资源质量高，就能推动和促进工业结构层次不断向高级化演进，从而提高工业经济效益。因此，高素质的人才资源是工业经济增长的真正源泉和财富。根据有关学者研究测算：从1982年到2000年，人口红利对中国经济增长的贡献高达15%[①]。

专栏5-1　新加坡加强人才资源开发促进经济增长
新加坡立国之初，政府高层就深感人才资源开发对新加坡经济发展的重要性，前总理李光耀就认为：新加坡是一个资源匮乏的小国，人才是其唯一

---

① 蔡昉. 人口红利：认识中国经济增长的有益框架.

的资源。正是因为新加坡高度重视国民素质的提高，大力发展职业教育，并广泛吸纳国际人才，使得其经济发展创造了高速增长的奇迹，快速进入了发达国家行列。

一、大力引进国际人才

通过各种渠道引进全球人才。新加坡政府早在1996年就设立了"新加坡就业机会网站"，通过互联网来发布人员招聘信息，让全世界人才都能第一时间获得新加坡急需的人才信息。此外，新加坡政府相关部门还积极组织企业奔赴美国、澳大利亚、日本等国家招纳人才，主要是通过在这些国家举办人才招聘会等活动吸纳当地人才。通过上述活动，新加坡的企业得以获取大量专业人才，这些人才进入到新加坡电子工业等产业领域就职。

公平对待各类人才并为他们提供发展机会。对于从全球引进的各类人才，新加坡政府坚持公平对待、一视同仁的原则，充分尊重这些人才，为各类人才提供发展的机会和舞台。例如，20世纪50年代的李光耀政府，其内阁中就有9名部长分别来自中国、马来西亚和斯里兰卡等国，新加坡政府充分尊重这些外来人才，为他们提供施展才华的舞台，从而有力地促进了新加坡经济的发展。

加强和鼓励各类人才的国际交流。为适应经济全球化发展趋势，新加坡在大力吸纳各类国际化人才的同时，也大力鼓励国内的各类人才走出去学习和交流，为此，新加坡政府执行了"海外浸濡计划"，支撑和鼓励其国内的科研人员及学校学生走出去进行学习、交流。

二、发展职业教育和培训

大力发展职业教育和培训。为了给企业提供更多的拥有高技能的产业工人和技师，新加坡政府在20世纪70年代先后成立了生产力局、工业职业培训局、基本教育委员会等专业管理机构，负责企业员工技术和文化培训、企业在职人员的各级技术工作考核以及在职职工的基本教育方案的制定。

强化职业教育教师队伍建设。为提高职业教育教师的素质，保障职业教育培训的水平，新加坡对职业教育教师的要求非常高，要求从事职业教育的教师必须有一定年限的实际工作经验、丰富的专业知识储备以及受过正规的师范训练等。因此在新加坡职业教育教师队伍中，不乏高级讲师、高级工程师及大量知名专家。通过上述努力，新加坡为其经济增长，特别是制造业发展提供了充足优质的人力资源保障。

（二）人才资源影响工业经济增长的速度快慢

就国家的工业经济增长而言，物质资源的多少很重要，但人的知识、技能、精神等素质的提高对工业经济增长的贡献比物质资源和劳动力数量的增加大得多。据世界银行测算，在全要素生产率（主要依靠技术进步、教育普及和知识扩展等因素来提高劳动者素质而形成）对经济增长的贡献中，发展中国家约为31%，而发达国家则高达49%。人才资源的开发水平影响工业经济增长，人力资本的存量推动了工业经济增长，因为生产者的技术水平越高，也就越有可能创造新的技术。对于那些非技术前沿的经济体，平均的人力资本存量越高，其学习的能力就越强，也就越可能吸收已有的技术，从而推动工业经济实现更快的增长。图 5-7 反映了 2000 年以来我国工业增加值和从业人员平均受教育年限的变化趋势，可以看出两者呈现出高度的一致性，即从业人员素质的提升，可以促进工业经济的持续增长。

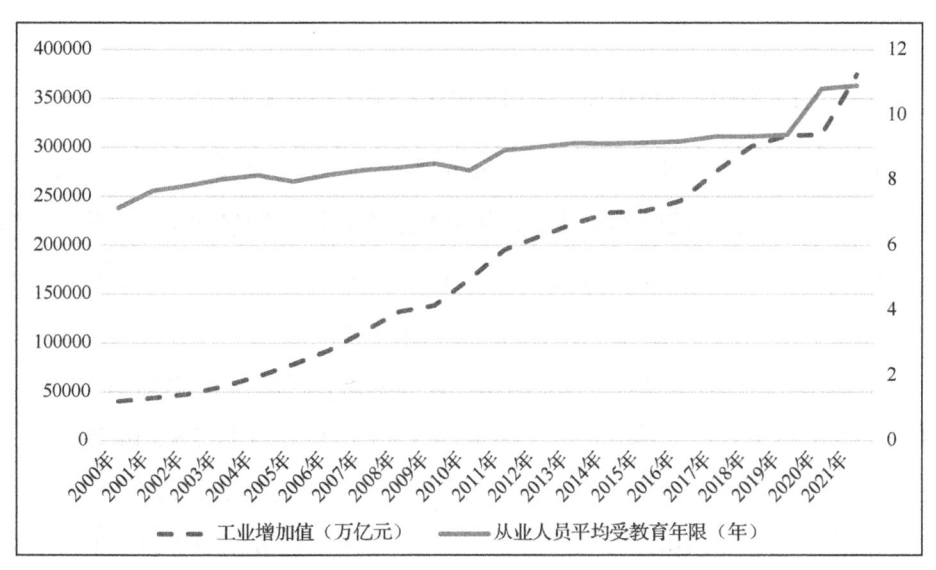

图 5-7 2000 年以来我国工业增加值和从业人员平均受教育年限增长趋势（单位：%）

数据来源：中国统计年鉴，赛迪工经所整理，2023.01

（三）高效的人才资源配置有利于工业经济增长目标的实现

人才资源配置是指在一定的社会和经济体制下，经济社会对人才的质和量的需求与供给的协调状况。合理的人才资源配置有利于实现工业经济增长目标，有利于实现从主要依靠增加投入、"铺新摊子"到主要依靠科技进步和提高劳动者的素质上来。首先，人才资源配置可以使劳动者根据自己的爱好兴趣和志愿来选择职业和就业岗位，从而改善了原有配置中如人才要素报酬低、人的主体地位和积极性受到限制等一些不合理状况，有利于调动劳动者的积极性，充分发挥人才的聪明才智，提高工业劳动生产率。其次，人才资源配置有利于调节供给和需求平衡，有利于解决人才资源在不同行业、企业和区域间的结构性不平衡问题，更好地实现人才资源与物质资源的有机结合，使人才资源与物质资源都得到充分利用。所以，有效的人才资源配置政策，能从多方面有效地促进工业经济的集约型增长，从而实现既定的工业增长目标。

二、当前我国制造业人才保障领域存在的问题

当前，我国制造业领域人才保障面临一些挑战和问题，突出表现在以下几个方面：

（一）人口开始出现负增长，人口老龄化少子化程度不断加深

2022 年，我国人口自然增长率为-0.60‰，近 61 年来首次出现负增长。与此同时，我国劳动力数量不断减少，从总量上看呈现出明显的下降态势。我国劳动人口规模总数量从 2015 年达到峰值 8.0 亿人以后开始减少，如图 5-8 所示。此外，人口结构中少子化老龄化程度不断加深，我国总人口中少儿人口与老年人口占比走势呈现倒挂现象。根据国家统计局数据，1982 年至 2021 年我国 0～14 岁、65 岁以上人口比重分别由 33.6%、4.9%快速转变为 17.5%、14.2%，少儿人口占比下滑 16.1%，老年人口占比提高 9.3%，各自抚养比分别由 54.6%、8.0%迅速变化至 25.6%、20.8%，表明我国人口少子化、老龄化趋势日渐明显，如图 5-9 所示。如表 5-4 所示，我国当前人口中 65 岁以上占比已经接近韩国、新

加坡等发达国家和地区，并显著高于印度、马来西亚等发展中国家。最后，根据《中国人口和就业统计年鉴》，2020 年制造业劳动力年龄老化程度已接近全行业水平，对比 2015 年数据，30 岁以下比重下降 8.9%，降幅高于全行业该年龄段 5.5 个百分点，45 岁以上比重提高 7.7%，增幅高于全行业该年龄段 2.1 个百分点，表明制造业劳动力年龄老化速度正在不断加快。人才是人力资源中能力和素质较高的劳动者，上述劳动力变化趋势将对我国制造业的人才供给带来严重的负面影响。

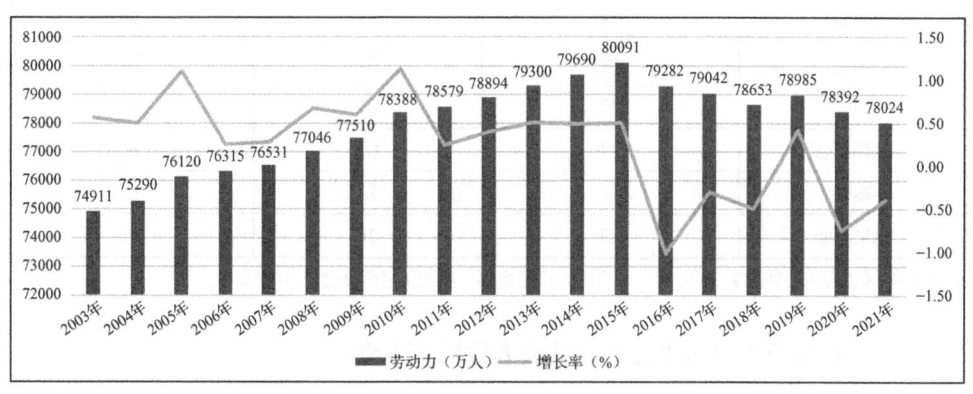

图 5-8　2003—2021 年我国劳动力规模及增速变化情况

数据来源：中国统计年鉴，赛迪工经所整理，2023.01

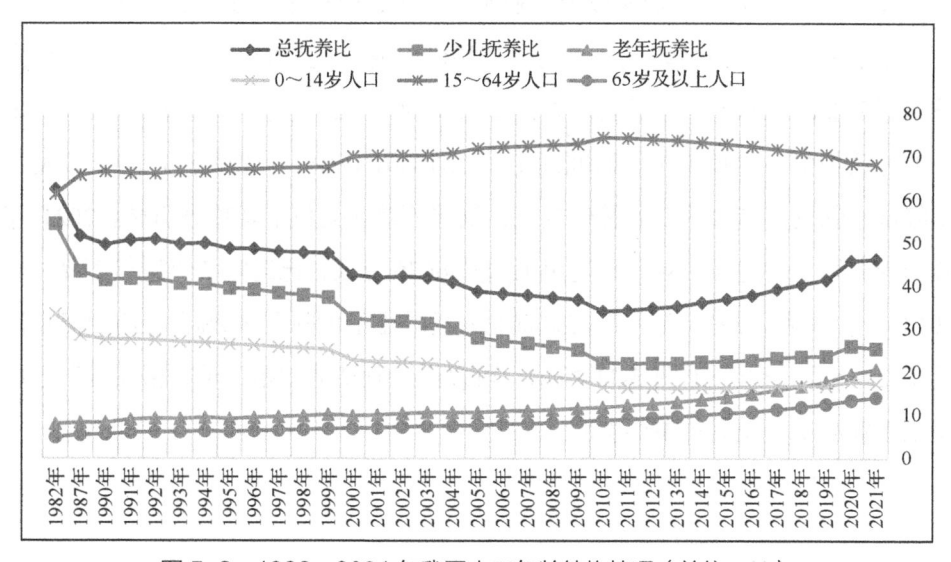

图 5-9　1982—2021 年我国人口年龄结构情况（单位：%）

数据来源：国家统计局，赛迪工经所整理，2023.01

表 5-4　2020 年中国与其他国家人口年龄构成比较（单位：%）

国　家	0~14 岁	15~64 岁	65 岁及以上
美国	18	66	16
德国	14	64	22
英国	18	63	19
法国	18	61	21
加拿大	16	66	18
韩国	12	72	16
新加坡	15	71	14
中国	18	69	14
印度	27	67	6
印度尼西亚	27	67	6
泰国	17	71	12
马来西亚	23	70	7

数据来源：《世界人口状况》2020 年，联合司人口基金编，赛迪工经所整理，2023.01

（二）制造业工资水平偏低，就业人数持续下降

2021 年我国规模以上企业就业人员年平均工资为 88115 元，其中，制造业为 82667 元，不仅低于规模以上企业平均工资，也低于房地产业、批发和零售业、采矿业、电力热力燃气及水的生产和供应业；仅为信息传输、软件和信息技术服务业的 42% 左右，并且工资差距有持续扩大的趋势，如图 5-10 所示。偏低的劳动报酬，再加上工作时间固定、工作环境较差、管理制度严格，以及数字经济蓬勃发展带来的就业替代效应，制造业就业人数下降趋势明显。2021 年我国规模以上制造业企业年平均用工人数 6676 万人，已连续 7 年逐年下降，较 2014 年累计减少 2174 万人；占总就业人员的比重也降至 8.9%，较历史高点回落了 2.6 个百分点，如图 5-11 所示。可以说，制造业"招工难、留人难"已成为制造业高质量发展的重要掣肘。

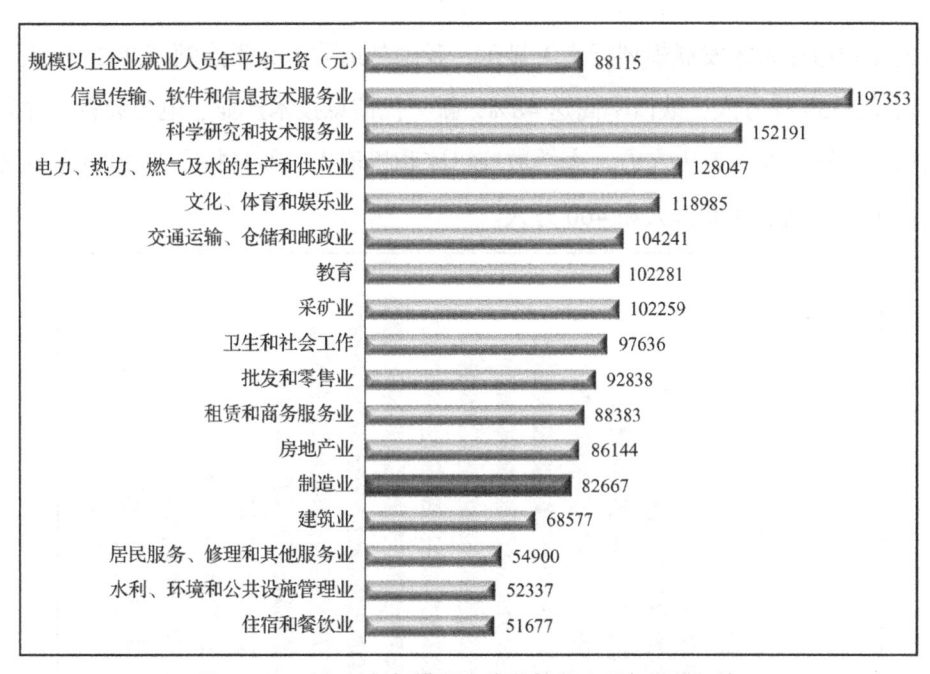

第五章 | 工业稳增长的长效机制探索：供给侧

行业	年平均工资（元）
规模以上企业就业人员年平均工资（元）	88115
信息传输、软件和信息技术服务业	197353
科学研究和技术服务业	152191
电力、热力、燃气及水的生产和供应业	128047
文化、体育和娱乐业	118985
交通运输、仓储和邮政业	104241
教育	102281
采矿业	102259
卫生和社会工作	97636
批发和零售业	92838
租赁和商务服务业	88383
房地产业	86144
制造业	82667
建筑业	68577
居民服务、修理和其他服务业	54900
水利、环境和公共设施管理业	52337
住宿和餐饮业	51677

图 5-10　2021 年规模以上企业就业人员年平均工资

数据来源：国家统计局，赛迪工经所整理，2023.01

（三）人才培养和产业需求脱节，劳动力市场的结构性矛盾突出

长期以来，我国产业实际需求与人才培养间存在脱节现象。数据显示，美国约 80% 的工科毕业生可胜任世界 500 强的相关岗位，印度约 25%，而我国的这一数据仅为 10%。我国不仅缺乏掌握核心技术的人才，也缺乏将核心技术应用推广的产业化人才。数据显示，目前我国各类中高级技能人才占技能人才总量的比重约为 27%，而日本中高级技能人才占技能人才总量的比重为 40%，德国这一数据超过 50%，相比之下，我国中高级技能人才占技能人才总量的比重明显偏低。此外，受到新冠疫情影响，2022 年以来，城镇居民特别是青年人就业压力加大，2022 年 7 月份我国 16～24 岁年轻人的失业率达到 19.9%，较疫情前显著上升，连续 4 个月保持在 18% 以上。与此同时，我国制造业用工长期存在供需缺口。根据人力资源和社会保障部发布的《2022 年第四季度全国招聘大于求职"最缺工"的 100 个职业排行》，与 2022 年第三季度相比，制造业缺工状况持续，有 41 个与生产制造相关的行业缺工。据教育部、人社部、工信部发布的《制造业人才发展规划指南》显示，我国制造业十大重点领域 2025 年人才缺口将近 3000 万人，缺口率高达 48%，新一代信息技术产业、电力装备人才缺口最大，均在 900 万人左右，高档数控机床和机器人、新材料产业 2025 年人才缺口也分别高达 450 万人和 400 万人。

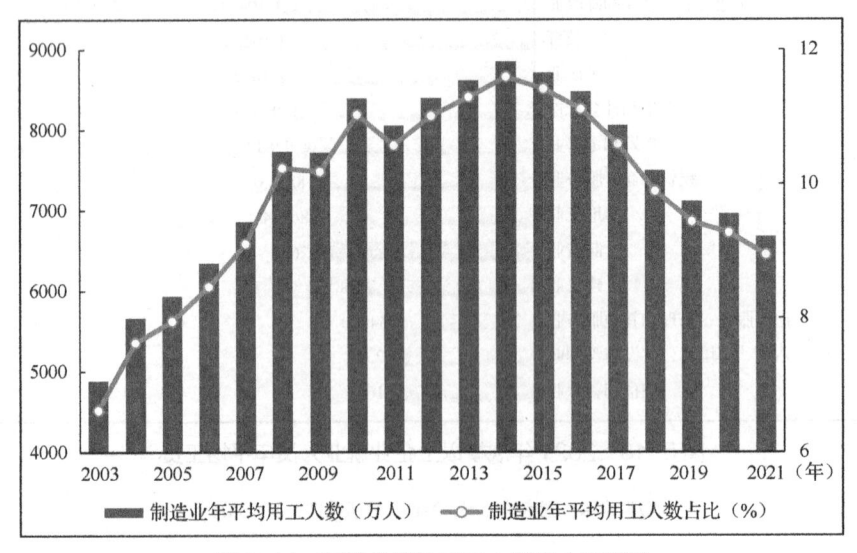

图 5-11 制造业平均用工人数及占比情况

数据来源：国家统计局，赛迪工经所整理，2023.01

三、制造业人才培养的长效机制

习近平总书记强调，"人才是第一资源"，并提出了"全方位培养、引进、用好人才，加快建设世界重要人才中心和创新高地"的战略目标，为我国新时期加快建设人才强国提供了根本遵循。党的二十大报告也提出了"深入实施人才强国战略"，"强化现代化建设人才支撑"。工业，特别是制造业要实现持续健康发展，离不开高质量的人才保障。当前，我国制造业领域人才保障面临一些突出的问题，为此，必须以《工业和信息化部关于加强和改进工业和信息化人才队伍建设的实施意见》《制造业人才发展规划指南》等文件为指引，重点做好制造业人才培养的长效机制建设。

（一）增加制造业的人才供给

针对近年来我国劳动力资源的深刻变化，应着力从增加劳动力总量供给和提升劳动力供给质量两个方面开展工作，从源头上为我国制造业人才供给提供保障。首先，加快修改出台相关法律法规等来破解当前人口老龄化带来的劳动力短缺压力，例如，出台延迟退休政策等；与此同时，鼓励广大制造企业主动响应国家号召，勇于承担社会责任，雇佣年龄较大的劳动者，以缓解当前制造业劳动力供给不足的问题。其次，针对当前少子化趋势，积极出台提供生育补贴、推行义务教育幼儿化、适当延长产假等多种鼓励生育的政策举措，以减少育儿成本，有效提升社会公众生育意愿。

（二）提升制造业人才供需匹配度

针对制造业人才教育培养和产业需求脱节问题，应鼓励学校与制造业企业基于法律规定建立合作机制，校企双方共同制定教学大纲、教学内容、教学方式，以及各自职责分工等，共同完成人才培养目标，促进学校教学与企业职业教育紧密结合。支持我国应用型大中专院校与制造业企业建立常态化的人才培养模式，加强应用型人才专业建设体系。围绕新一代信息技术、新能源、海洋工程装备、生物医药、高性能医疗器械、新材料等制造业重点新兴产业领域，在教学中强化智能制造、信息管理、数字化设计等，建设适应制造业智能化发展的人才培养体系，以职业岗位需求为基础，推动教学体系和岗位任职相匹配，使人才培养专业更具有应用性、针对性和职业性。

（三）挖掘第二人口红利

第二人口红利主要表现为劳动者经验技能的提升、人力资本积累的增加以及人们为养老而进行的储蓄等。为充分挖掘第二人口红利，首先，应通过高校扩招来满足社会公众对高等教育的需求，以此大幅提高劳动力中接受高等教育人口的比重，提升我国劳动力的整体素质并进而提高制造业劳动生产率。其次，继续实施科教兴国战略，不断加大财政对教育的投入力度，提高教育从业人员的待遇水平，做大做强我国的教育事业。最后，发挥企业的市场主体作用，鼓励企业了解和运用各级政府的人才优惠政策，对外引进和内部培育相结合，不断提高企业人才的专业化水平，实现中高端人才"引得来、留得住"。

（四）推进企业数字化智能化改造

抢抓新一轮科技革命和产业变革重大历史机遇，利用新一代信息技术推进制造业转型升级，大幅提升制造业劳动生产率，破解制造业"用工难、用工贵"难题。首先，鼓励和引导制造业企业，特别是劳动密集型企业，利用先进自动化的高端机器设备对原有的生产设备进行改造升级，加快推进"机器换人"并以此来减少用工量并有效提升劳动生产率。其次，鼓励企业加快信息化、数字化发展速度，利用人工智能、工业互联网等新兴技术，大力发展智能制造，提升企业技术改造水平，加快建设数字化车间、智能工厂等。

（五）加快引进国际人才

针对当前我国制造业劳动力持续减少以及国内日渐严峻的就业形势，应坚持开放发展思维，不断加大对外开放步伐，鼓励企业"走出去"，以"一带一路"倡议为契机，重点推进国际移业移民工作。首先，不断加大对国外中高端人才的吸引力度，出台更多的优惠条件，包括设立专款专项人才基金、设立国际学校等，吸引更多高端人才来华工作。其次，采取措施逐步放宽移民政策，包括优化入境签证项目、为国内制造业企业雇佣外籍劳工提供便利化措施以及进一步放宽外籍劳工进入国内工作的条件。最后，下大力气重点发展猎头产业，同时鼓励设立海外研发机构，以集聚和网罗国外的高端优秀人才，为我国制造业做大做强提供人才支持。

第三节 能源原材料保障机制

能源矿产资源是经济社会发展的重要物质基础。我国连续 13 年保持世界第一制造大国地位，国内能源原材料产量不能满足工业发展的需要，一些重要矿产资源对外依存度高,国际形势一旦出现变化,必然影响我国工业经济发展甚至经济安全。

一、能源原材料保障安全稳定是工业稳增长的基础

(一)能源原材料是工业生产的原材料和动力源

经济发展离不开资本、劳动力、土地、能源原材料等供给要素的投入,能源原材料的短缺无疑会制约经济健康可持续发展。一般认为,工业就是对自然资源开采和对原材料加工的社会物质生产部门,其中能源为工业生产活动提供动力(见表 5-5)。如黑色金属冶炼及压延加工是铁及其合金的提炼以及压延加工,主要原材料是铁矿石,主要能源是电(煤)、天然气;农副食品加工业是以农、林、牧、渔业产品为原料进行加工的生产活动,主要原材料是农产品资源,主要能源同样是电(煤)和天然气。据统计,在 500 种主要工业产品中,我国有四成以上产品的产量位居世界第一,2021 年,精炼铜、电解铝产量分别达到 1048.67 万吨和 3850.32 万吨,强大的下游行业应用需要消耗大量的能源原材料(见表5-6)。具体来看,据研究,采用转炉生产,吨钢需耗用铁矿石 1.6~1.7 吨,综合能耗约 540 千克标煤。以国内某企业为例,1GW 纯电动汽车电池需要磷酸铁锂正极材料 2200~2500 吨,每吨磷酸铁锂约需要 0.25 吨碳酸锂。因此,能源和各类资源在工业发展中发挥着重要的基础作用,是工业生产的主要原材料和动力源泉,影响着工业发展的规模和速度,工业稳增长需要有稳定的原材料和能源供应为前提。

表 5-5 部分矿产资源的用途

矿产资源	用途
煤	电力、热力、化工、纺织服装、包装、医药等
天然气	电力、热力、化工、纺织服装等
石油	交通运输、石油化工、纺织服装、包装、医药、橡胶等
铁矿石	冶炼压延、机械设备等
铜	冶炼压延、电器机械、仪器仪表等
铝	冶炼压延、机械设备、电器机械、仪器仪表等

续表

矿产资源	用途
稀土	冶炼、国防工业、电子设备等
锂	冶炼、新能源、燃料等
铂族金属	首饰、催化剂等
林木	木材加工、家具制造、造纸等
石灰岩	水泥、化工等
石英	玻璃、陶瓷、电子、冶炼等
天然橡胶	密封、防震设备、轮胎、医疗器械等
水	电力、热力、冶炼、造纸、农副食品加工、饮料制造等
磷	化肥、食品制造、医药、国防工业等

资料来源：赛迪工经所整理，2023.01

表 5-6　我国重点工业品产量

年份 指标名称	2016年	2017年	2018年	2019年	2020年	2021年
原煤（亿吨）	34.11	35.24	36.98	38.46	39.02	41.26
原油（万吨）	19968.52	19150.61	18932.42	19162.83	19476.86	19888.11
天然气（亿立方米）	1368.65	1480.35	1601.59	1753.62	1924.95	2075.84
汽油（万吨）	12932.03	13276.19	13964.69	14120.68	13171.69	15457.30
发电量（亿千瓦时）	61331.60	66044.47	71661.33	75034.28	77790.60	85342.48
精炼铜（万吨）	843.63	896.95	978.33	978.42	1002.51	1048.67
原铝（电解铝：万吨）	3264.53	3328.96	3683.10	3512.96	3708.04	3850.32
生铁（万吨）	70227.33	71361.93	77987.63	80849.38	88897.61	86856.78
钢（万吨）	80760.94	87074.09	92903.84	99541.89	106476.68	103524.26
水泥（万吨）	241030.98	233084.06	223609.62	234430.62	239470.83	237724.49
平板玻璃（万重量箱）	80408.45	83765.80	93963.26	94461.22	95227.79	101727.37
乙烯（万吨）	1781.14	1821.84	1861.76	2052.29	2159.96	2825.67
化学纤维（万吨）	4886.36	4877.05	5418.02	5883.37	6124.68	6708.47
布（亿米）	906.75	691.05	698.47	555.19	459.19	501.95
机制纸及纸板（万吨）	12319.22	12542.01	12045.97	12515.30	12700.63	13583.87

资料来源：wind，赛迪工经所整理，2023.01

（二）能源原材料工业是工业的重要组成部分

能源原材料工业是实体经济的根基，是支撑国民经济发展的基础性产业。新中国成立至今，特别是党的十八大至今，全党和全国各族人民共同努力，我国的能源和原材料工业快速发展，产业体系不断优化完善，整体竞争力不断增强，对工业发展的拉动作用明显。截至 2022 年年底，我国电力系统保持全球规模第一，发电装机容量达到 25.6 亿千瓦，其中太阳能和风电装机容量分别达到约 3.9 亿千瓦和约 3.7 亿千瓦。截至 2021 年年底，我国原材料工业增加值达到 10.7 万亿元，占 GDP 比重在 10% 左右。如图 5-12 所示，2000—2021 年，重点能源原材料行业①营业收入占工业营业收入的比重始终保持在 30%~35%。我国原材料工业可以生产多达 15 万余种产品，钢、铜、铝、甲醇、尿素、水泥、平板玻璃等主要产品产量连续多年保持全球第一，中石油、中石化等 45 家原材料企业入围 2022 年《财富》评选的世界 500 强。因此，能源原材料行业的健康发展是我国工业稳增长的重要保证。

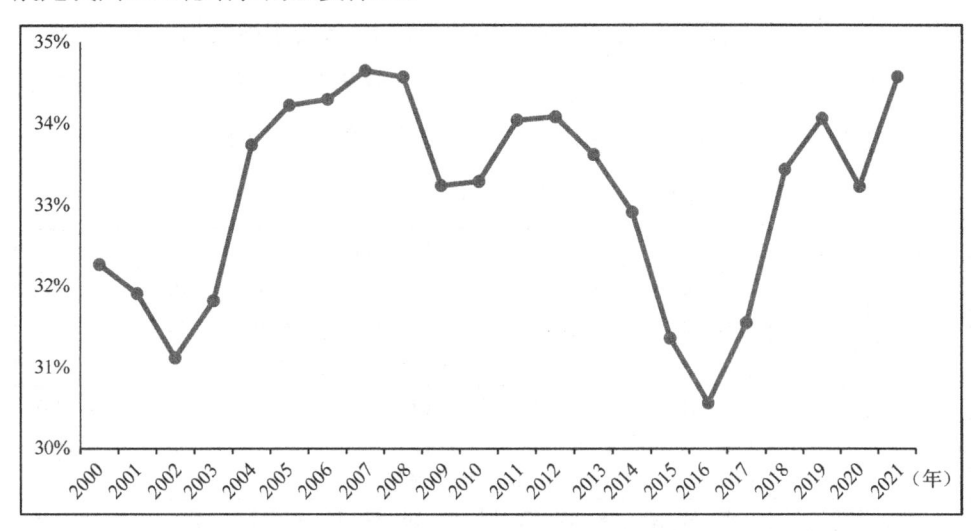

图 5-12　2000—2021 年重点能源原材料行业营业收入占比变化情况

数据来源：中国统计年鉴，赛迪工经所计算，2023.01

---

① 石油、煤炭及其他燃料加工业，化学原料和化学制品制造业，非金属矿物制品业，黑色金属冶炼和压延加工业，有色金属冶炼和压延加工业，电力、热力、燃气及水生产和供应业。

二、能源原材料保障安全稳定面临较大挑战

（一）能源原材料国际竞争日益激烈

矿产资源与生俱来的特性就是在全球分布不均，各区域内部难以实现资源的自给自足。为加强资源保障和储备，不同国家（或地区）从供应安全、发展需求等维度出发，纷纷划定"关键矿产"，采取措施加大保障力度。近年来，鉴于产业链供应链区域化、本土化趋势突显，贸易争端、地缘冲突等带来的矿产资源供应中断风险加剧，世界主要经济体又开始重新审查和评估关键矿产供应状况，并制定相应的全球矿产资源战略（见表5-7）。以美国为例，2018年美国地质调查局制定了含35种重要矿产资源的《关键矿物清单》；2022年2月，新的《关键矿物清单》新增20种矿产、剔除5种矿产，矿产总种类达到50种。此外，为确保关键矿物的生产、加工等各环节正常进行，保障对清洁能源和其他技术至关重要的关键矿物的供应，2019年，美国与澳大利亚、巴西、秘鲁、刚果（金）等国家联合发布《能源资源治理倡议》，致力于帮助相关国家勘探、开发其矿产资源；2022年6月，美国、加拿大、澳大利亚、芬兰、法国、德国、日本、韩国、瑞典、英国等国家建立"矿产安全伙伴关系"（MSP）。

表5-7 部分国家（地区）关键矿产目录

国家（地区）	关键矿产目录
美国 （50种）	铝、锑、砷、重晶石、铍、铋、铈、铯、铬、钴、镝、铒、铕、萤石、钆、镓、锗、石墨、铪、钬、铟、铱、镧、锂、镥、镁、锰、钕、镍、铌、钯、铂、镨、铑、铷、钌、钐、钪、钽、碲、铽、铥、锡、钛、钨、钒、镱、钇、锌、锆
欧盟 （30种）	锶、钛、铝土矿、锂、锑、轻稀土元素、磷、重晶石、镓、镁、铪、铍、锗、天然石墨、含硅金属矿物、铋、铪、天然橡胶、钽、硼酸盐、铌、钨、钴、重稀土元素、铂族金属、钒、焦煤、铟、磷酸盐岩、萤石
澳大利亚 （26种）	锂、镓、钛、铬、锰、钒、钴、钨、铋、锑、镁、铂族金属、铌、钽、铍、锆、稀土、铪、锗、铟、铪、铼、氦、石墨、高纯氧化铝、硅
日本 （31种）	锂、铍、硼、钛、钒、铬、锰、钴、镍、镓、锗、硒、铷、锶、锆、铌、钼、钯、铟、锑、碲、铯、钡、铪、钽、钨、铼、铂、铊、铋、稀土元素
加拿大 （31种）	铝、锑、铋、铯、铬、钴、铜、萤石、镓、锗、石墨、氦、铟、锂、镁、锰、钼、镍、铌、铂族金属、钾、稀土元素、铪、钽、碲、锡、钛、钨、铀、钒、锌

数据来源：赛迪工经所整理，2023.01

（二）我国是全球最大的能源和矿产品消费国

我国连续多年成为世界第一制造业大国，同时也是最大的能源消费国和矿产品消费国。《BP 世界能源统计年鉴》数据显示，2021 年，我国能源消费总量为 157.65 艾焦，占全球能源消费总量比重为 26.5%。工业是能源消费的主要领域，据统计，2021 年，我国能源消费总量中工业占比 65% 左右；我国 43 种主要矿产资源中有 36 种消费量居世界第一，铁、铜、铝、锂、钴等累计 24 种矿产资源消费量占全球比重超过四成。世界钢协发布的《2022 年世界钢铁统计数据》显示，钢材表观消费量占全球的比重为 51.9%。我国每年从国外进口大量矿产资源以满足我国工业的发展需求。海关数据显示，2021 年全国进口原油、天然气、铁矿石、铝土矿、铜精矿（实物量）分别为 5.1 亿吨、1687.4 亿立方米、11.2 亿吨、1.07 亿吨、2340.4 万吨，对外依存度分别达到 72.0%、44.4%、71.6%、60%、74.4%。随着工业经济快速发展，我国对能源和重要矿产资源的需求量将持续增加，一些重要能源资源对外依存度仍将大幅上升。表 5-8 为我国原油对外依存度统计。

表 5-8 我国原油对外依存度

年份（年）	原油产量（百万吨）	原油消费量（百万吨）	对外依存度（%）
2000	162.6200	221.1486	26.47
2001	164.8300	225.7131	26.97
2002	166.8660	244.0682	31.63
2003	169.5850	273.0021	37.88
2004	174.0510	318.8170	45.41
2005	181.3529	323.6056	43.96
2006	184.7657	346.5825	46.69
2007	186.3182	363.1958	48.70
2008	190.4396	370.8677	48.65
2009	189.4900	385.9388	50.90
2010	203.0140	440.8364	53.95
2011	202.8755	455.5308	55.46
2012	207.4780	477.3153	56.53

续表

年份（年）	原油产量（百万吨）	原油消费量（百万吨）	对外依存度（%）
2013	209.9593	498.2083	57.86
2014	211.4290	518.0764	59.19
2015	214.5600	557.0298	61.48
2016	199.6850	574.3584	65.23
2017	191.5060	605.7323	68.38
2018	189.3240	634.8739	70.18
2019	191.6280	666.9465	71.27
2020	194.7690	675.7421	71.18
2021	198.8810	718.4894	72.32

数据来源：wind，赛迪工经所整理计算，2023.01

（三）我国对部分能源原材料的需求仍将不断增加

发达国家的发展经验表明，随着经济的增长，人均能源矿产消费并不会一直增长，当经济发展进入到高质量发展阶段后，人均能源矿产消费将达到顶点，之后不再增长或呈缓慢下降态势。但随着科技革命与产业变革的不断演进，不同能源矿产资源面临的需求形势也不尽相同。根据国际能源署《全球电动汽车2022年展望》报告，2021年全球电动汽车总量超过1500万辆。预计未来十年该市场将急剧增长，到2030年全球电动汽车销量将达到1.45亿辆，如各国政府加快实现国际气候和能源目标，电动汽车销量可能达到2.3亿辆。据《BP世界能源展望（2022）》预测，传统化石能源在最终能源消费总量中的占比将不断地被风电、光伏等可再生能源替代，三种情景下化石能源在最终能源消费总量中的比重将从65%左右下降到2050年的30%~50%。随着我国经济社会持续发展与产业转型升级不断深入，我国对能源和原材料的需求将继续增加，经济发展面临的资源约束矛盾将长期存在。亟须建立多层次的能源原材料保障机制。重要矿产资源在能源转型中的应用前景如表5-9所示。

表5-9 重要矿产资源在能源转型中的应用前景

矿产资源	应用前景
铜	清洁能源技术中应用最广泛的矿产资源，预计到2040年，清洁能源领域铜的需求占铜总需求的30%

续表

矿产资源	应用前景
锂	锂主要用于纯电动汽车的锂离子电池，随着纯电动汽车的快速发展，锂需求也将继续较快增长
镍	镍主要用于工业合金和纯电动汽车电池，随着纯电动汽车的快速发展，镍需求也将继续较快增长
钴	钴主要应用于锂离子电池，随着纯电动汽车的快速发展，钴需求也将继续较快增长。预计到2040年，钴需求将增长7倍
稀土	纯电动汽车和可再生能源的快速增长将不断加大对稀土需求

资料来源：国际能源署，赛迪工经所，2023.01

三、能源原材料保障安全稳定的长效机制

谋划工业稳增长的长效机制，实现能源原材料供应的安全稳定是基本前提，一方面要推进高水平对外开放，发展矿产品国际贸易，用好"两种资源、两个市场"；另一方面也要未雨绸缪，做好特殊情况下的国内资源安全保障，确保不因能源原材料供应问题影响我国工业经济正常运转。

（一）完善能源原材料监测协调机制

密切关注能源原材料市场价格动态，加强部门联动，各级市场监管部门加强价格监测预警和应急监管，坚决依法严厉查处捏造、散布涨价信息，哄抬价格，囤积居奇等违法行为。建设并完善战略性矿产资源产业基础数据公共服务平台，汇总能源原材料研发、生产、贸易、消费和回收等信息，加强对能源原材料的经济形势分析、监测、预警和研判，建立能源原材料综合监测预警体系。做好煤炭、有色金属、石油等重点能源原材料进口的跟踪监测，指导支持重点企业扩大进口，加大国内市场供应，协调口岸、海关、铁路等部门做好货运、通关、防疫等服务工作。加强生产、调运、存储等环节统筹衔接，建立能源原材料供应安全应急预案，发挥行业协会和产业联盟专业化引导作用，支持上下游企业建立供应链长期战略合作关系，协同应对市场价格波动风险，根据市场变化合理调整产品结构，以行业自律维护良好生态。

（二）建立能源矿产收储机制

借鉴其他国家能源矿产资源储备的先进经验，发挥国有企业的重要支撑作用，建立国家储备与商业储备相结合的能源矿产储备机制。谋划设立重要能源矿产资源储备机构，将重要矿产资源纳入国家储备体系，鼓励企业适时开展商业储备，低价时期提高储备水平，极端情况下维持基本供应，强化我国工业产业链的上游能源原材料保障能力。借鉴澳大利亚、加拿大等主要矿业国家经验，向私营部门提供地质和地球物理调查数据，并为其在矿产勘探和开发方面创造更有利的环境，鼓励私营企业参与关键矿产勘探、开发。加强能源矿产资源的地质储量勘查、供给能力评估与需求论证，特别是相关产业发展的需求论证，在充分征求相关企业意见的前提下，更加科学地厘定能源矿产收储目录和收储量。根据国际国内形势、供需关系的变化情况，对能源矿产收储目录清单进行动态调整与更新，根据矿产地储备的特点，实施矿产地储备工程，实现对原油、各种金属及非金属矿石等重要原料及制品的储备，加快重要能源和矿产资源生产基地建设，构建产品、产能和产地相结合的战略性矿产资源储备体系。

（三）强化能源原材料协同创新机制

强化矿产资源高效开发利用，加强与高等院校、科研机构等协同创新，围绕产业共性需求，梳理能源矿产领域"卡脖子"技术和设备，绘制技术攻关路线图，开展包括勘探技术、设备、生产工艺、生产装备、专用仪器、控制系统等在内的规模化成套设备及技术开发，加大重点能源矿产资源勘探开发科技创新力度，提升集约化开采、精深加工和再生资源回收利用水平。联合化工、钢铁、有色、装备、电子信息等下游重点应用行业，针对重点材料开展联合创新，加快发展高性能的新材料，提升关键材料和元器件保障能力。针对能源转型带来的原材料需求变革，加大无钴电池、钠离子电池等新型电池的创新支持力度，减少对部分重要矿产资源的需求缺口。通过新一代信息技术赋能能源矿产行业，对产业链各环节进行数字化、网络化、智能化改造，推动基于大数据的矿物分级精细开采、开采及生产过程智能感知技术等先进技术的应用开发，加快智慧矿山、智慧矿井建设，推动能源矿产加速向价值链中高端迈进。

（四）优化能源原材料循环利用机制

进一步提高能源矿产资源行业集约化水平，建立更加系统的资源开采、冶炼加工、应用开发、回收利用产业链，构建更加畅通的能源和矿产资源综合利用产业集群。鼓励生产企业开展生态设计和制造，加快淘汰不利于回收利用的生产工艺和装备，支持企业通过自建、联合和委托等方式开展废旧资源回收和再制造业务，推动相关资源循环利用。支持废旧金属循环利用技术和工艺研发，开展能源和矿产资源提取加工基础研发和技术应用，加大对退役动力电池、废旧电子产品、报废汽车等资源回收再利用行业的支持力度，为二次资源的发展提供技术支撑。大力推动"互联网+"与再生资源分类回收、公共服务平台和再制造的深度融合，充分运用互联网、物联网、云计算、大数据技术，打破资源循环信息不对称格局，建立规范的回收利用体系，减少流通环节，加速资源循环传统模式的转型升级。

（五）健全节约能源资源管理制度

持续深化钢铁、电解铝和精炼铜等行业供给侧结构性改革，鼓励工业企业采用高效、节能的电动机、锅炉、窑炉、风机、泵类等设备，强化冶炼行业规范管理，加大节能监察力度，严控能效低下行业产能的无序扩张。加大政府绿色采购力度，带头采购更多节能、节水、环保、再生、资源综合利用等绿色产品，积极推广合同能源管理、节能设备租赁等模式，加快节能产品和节能技术、工艺、设备、模式的推广应用。加强工业领域能源需求侧管理，加快推进重点行业能效评估中心建设，组织实施节能技术装备产业化示范，推进工业企业节能技术进步。推进全民绿色生活绿色消费，积极践行"光盘行动"，严格限制一次性用品、餐具使用，鼓励地方采取补贴、积分奖励等方式促进绿色消费。全面推进绿色生活设施建设，大力推进绿色出行，健全完善绿色交通体系，推进城市社区基础设施绿色化。

(六)加强国际能源原材料合作

加快境外投资项目的备案、核准、外汇资金汇出等管理便利措施,为企业在境外矿业勘探、收购、汇率风险控制等业务提供支持。积极参与全球矿业贸易规则制定,加强与现有国际矿业发展规则、政策特别是标准的对接,确立与我国国际地位和经济实力对等的话语权。积极拓展能源和矿产资源方面的国际合作伙伴关系,推动建设海外能源和矿产资源合作的公共服务平台,为国际能源和矿产资源合作提供技术支撑和信息服务。通过发展和提升国内能源原材料开采、下游加工和制造的能力,延伸产业链,提高附加值,促进工业平稳健康发展。发展选冶新技术,提升国内矿产的选冶水平,开展税费优惠,降低开采成本,不断提升我国能源和矿产资源的国际竞争力。依托我国贸易量大等优势,谋划设立全球性锂、钴、稀土等重要矿产商品交易所,有序推进能源和矿产品国际贸易的人民币结算机制,鼓励国内金融机构加强与国际商品交易所合作,开发能源和矿产资源类商品金融衍生品。

第四节 建立健全节能减排长效机制

2020年以来,党中央国务院多次强调,要推进碳达峰、碳中和工作,坚持问题导向,深入研究重大问题。各地区各部门围绕推动产业结构优化、推进能源结构调整、支持绿色低碳技术研发推广、完善绿色低碳政策体系、健全法律法规和标准体系等,加快研究推出有针对性和可操作性的政策举措,密集公布碳达峰实施方案,为碳减排提供了强有力的支撑。本节通过研究节能减排与工业经济增长的作用机理,提出在"双碳"背景下我国经济增长危机并存,同时,从国际对比的角度分析我国碳排放情况、能源结构变化,以及我国经济增长与能源消费的脱钩情况等,最后提出建立健全节能降碳协同机制的几点建议。

一、节能减排与工业增长的作用机理

"双碳"给我国经济增长带来战略机遇,同时也带来挑战,这取决于经济增

长模式。一方面，如果经济增长更多依赖于高排放、高能耗的传统增长模式，"双碳"目标下的一系列节能减排措施会抑制部分行业领域发展，在一段时期内影响经济增长；另一方面，如果经济发展更加绿色化、高端化，推动实现"双碳"目标与经济增长之间就形成了相互促进的关系。

（一）"双碳"目标下部分高耗能行业领域受到抑制，将扰乱工业领域供需平衡，制约工业经济增长

"双碳"和经济增长的关系，本质上是环境、能源和经济增长的关系，二者之间呈现倒 U 型曲线关系，称为环境库兹涅茨曲线。根据环境库兹涅茨曲线假说，在经济发展的初始阶段，二氧化碳等污染物排放量随经济增长而增加，而当经济发展水平达到某个门槛之后，二氧化碳等污染物排放量将随经济增长而下降。当前，我国仍处于经济上升期和碳排放达峰期，经济增长与碳排放没有实现"脱钩"，节能降碳任务艰巨，对部分行业和领域发展乃至整个工业经济增长形成制约。一是"双碳"目标约束下，高能耗、高排放行业面临着节能降耗的巨大压力和现实挑战，行业收缩风险进一步扩大。根据国家信息中心"经济—能源—环境一般均衡模型"分析预测，受碳达峰目标影响，2021—2030 年，我国 GDP 年均增速将下降约 0.6 个百分点，二氧化碳排放量达峰时峰值越高，后期碳减排压力越大，对经济增速影响越大。[1]二是"双碳"目标下的一系列节能降碳措施导致上中游部分行业供给收缩，加剧部分上中游产品供需失衡、价格上涨，压缩下游行业盈利空间，影响工业经济平稳运行。另外，高耗能、高排放行业进行升级改造，需要投入大量资金，导致企业成本增加，资金更趋紧张，低碳转型压力较大。

（二）"双碳"目标下生产要素配置会发生变化，影响中长期工业经济增长动力

"双碳"政策通过改变生产函数中的劳动力、资本等传统要素投入以及全要素生产率，进而影响中长期经济增长。从资本要素投入看，实现"双碳"目标，一方面有助于扩大绿色低碳产业、绿色低碳技术改造等领域投资，引领能源转

---

[1] 郭春丽等：《"双碳"目标下的中国经济增长：影响机制、趋势特征及对策建议》。

型投资加速，有效推动资本存量增加；另一方面，推动高耗能行业产能退出，会导致资本存量减少，但同时，高耗能行业技术改造，也需要新增大量投资，对经济增长产生正面促进作用。从劳动力要素投入看，高耗能行业产能退出和技术改造会影响就业结构，减少就业人数；同时，在"双碳"目标下，我国产业结构将不断优化升级，产业链的细分领域将产生众多的新兴产业，新业态、新模式将快速发展，会创造更多的就业岗位，增加就业人数，影响经济增长。从全要素生产率看，"双碳"目标为科技创新和产业变革指出方向，促进先进低碳、零碳和负碳技术突破和产业化应用，提升人才、资本等生产要素配置效率，以全要素生产率提升来带动经济增长。

（三）"双碳"目标下的绿色低碳转型将催生新的产业增长点，增强工业经济增长动力

"双碳"目标为我国产业发展提供了换道超车的重要机遇。我国拥有强大的国内市场和完备的产业体系，为绿色低碳技术创新及应用创造了有利条件。我国在新能源、电动汽车、零碳工业等领域具备领先优势，形成了较强的新能源产业链。截至 2021 年年底，我国可再生能源发电装机总规模占总装机的比重达到 44.8%，较 2012 年提升 17 个百分点；水电、风电、光伏发电、生物质发电装机容量分别连续 17 年、12 年、7 年、4 年稳居全球首位。深入推动绿色低碳转型，将进一步带动我国可再生能源、资源循环、交通运输等产业以及相关装备制造、绿色终端产品快速发展，新兴绿色低碳产业将成为未来提升中长期经济增长动力的关键。此外，"双碳"背景下的绿色低碳转型将催生更多的产业增长点。"双碳"背景下会创造更多新的市场需求，推动 5G、大数据、人工智能等新一代信息技术与绿色低碳产业深度融合，在未来新的重大关键产业上开拓更多增长空间和竞争优势。

二、我国能源消费和碳排放存在的问题

（一）我国碳排放总量大、增速快、强度高，节能减排压力巨大

从碳排放总量看，我国为全球碳排放第一大国。近三十年来，美国、中国、

俄罗斯长期保持在全球碳排放量前三位，2005年中国超过美国成为全球碳排放第一大国。根据英国石油和石油化工集团公司（BP）数据统计，2021年，我国二氧化碳排放总量达到105.2亿吨，居全球首位，占全球二氧化碳排放总量的31.1%、亚太地区二氧化碳排放总量的59.3%，相当于美国的2.23倍、欧盟的3.86倍、日本的9.99倍。从碳排放增速看，我国碳排放增速明显高于全球。如图5-13所示，2000—2011年，我国碳排放量年均增速为9.68%，高于全球年均增速6.78个百分点；2012—2021年，我国碳排放量年均增速为1.81%，高于全球年均增速1.21个百分点。相比之下，近三十年来，美国、法国、德国、英国、俄罗斯碳排放量都呈现波动下降趋势，年均增速均为负数，其中英国年均下降1.86%，降幅最快；韩国碳排放呈波动上升趋势；日本碳排放趋于稳定，年均增速仅为0.08%，我国碳排放增长最为显著。从碳排放强度看，我国碳排放强度仍处于高位。2021年，我国单位GDP二氧化碳排放强度比2020年降低3.8%，比2005年累计下降50.8%，扭转了二氧化碳排放快速增长的态势。但我国碳排放强度仍高于全球主要国家，不仅高于欧美等主要发达国家，还高于印度、俄罗斯等发展中国家，实现"双碳"目标需要付出更多努力。

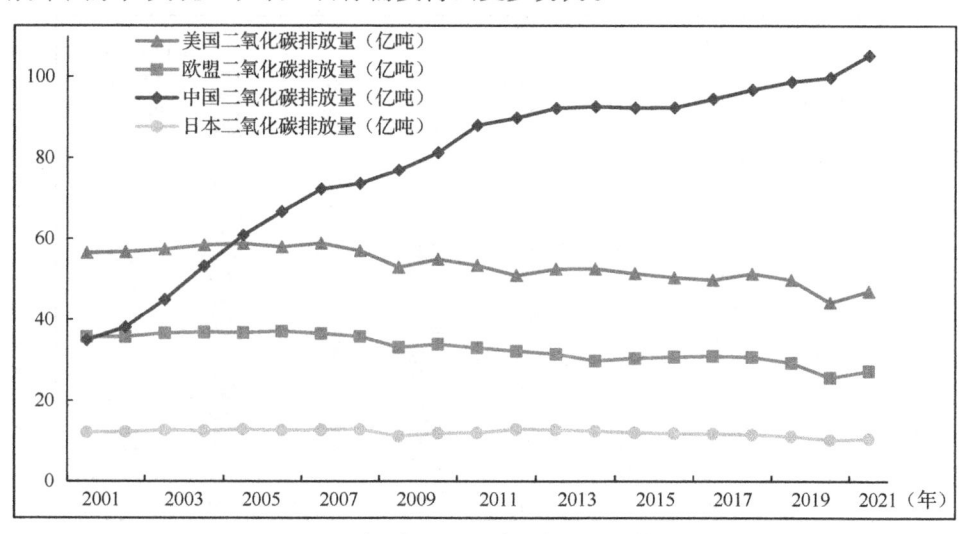

图5-13 我国与主要国家二氧化碳排放量对比

数据来源：BP，赛迪工经所整理，2023.01

（二）我国能源消费结构仍以煤炭为主，工业部门节能降碳任务艰巨

能源消费结构是影响碳排放的主要因素之一。如图 5-14 所示，2020 年，我国能源消费中传统化石能源占比为 84.3%，较 1990 年下降 11.3 个百分点；可再生能源占比为 13.4%，较 1990 年上升 9.0 个百分点。如图 5-15 所示，与主要国家对比看，我国传统化石能源消费占比下降幅度较大，但占比仍处于较高水平，明显高于英国、法国、德国等国家的水平，可再生能源占比不高。另外，当前法国的能源消费主力是核电，德国可再生能源与废物等能源产品的供给量逐步上升，天然气在日本和俄罗斯的能源消费中占据重要地位，而我国能源消费仍以煤炭为主。如图 5-16 所示，2020 年，煤炭消费占比为 56.8%，较 2007 年的高点下降 15.7 个百分点。以煤为主的能源结构引发一系列能源安全、环境污染、温室气体排放等问题，煤炭行业要实现碳减排目标，面临的压力巨大。此外，工业部门是我国最大的能源消耗和碳排放部门。如图 5-17 所示，从能源消费看，2021 年，我国工业领域能源消费量占全国总体能源消费量的 65% 左右。从碳排放量看，当前我国二氧化碳排放中，有 80% 以上来自工业部门，有 30% 以上来自制造业。

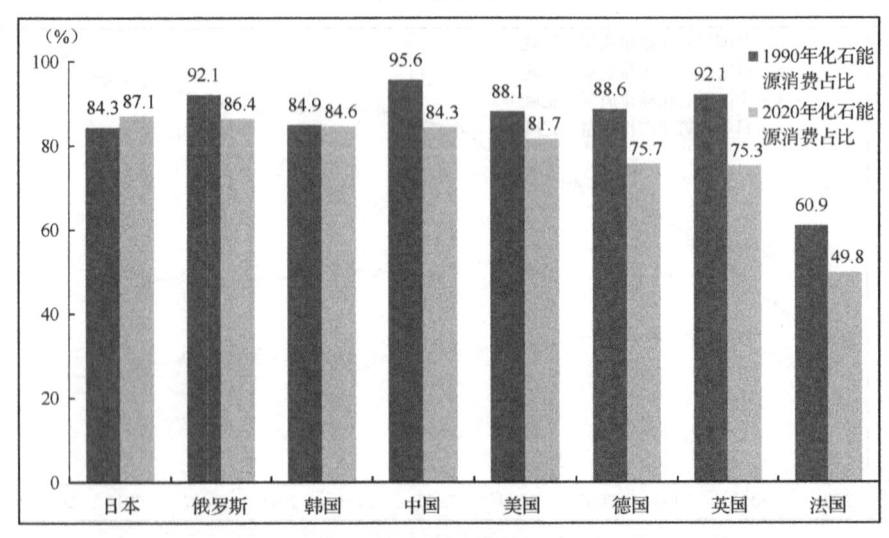

图 5-14 我国与主要国家化石能源消费占比结构变化[①]

数据来源：赛迪工经所整理，2023.01

---

① 韩文艳等：《科技大国能源消费碳排放与经济增长脱钩关系及驱动因素研究》。

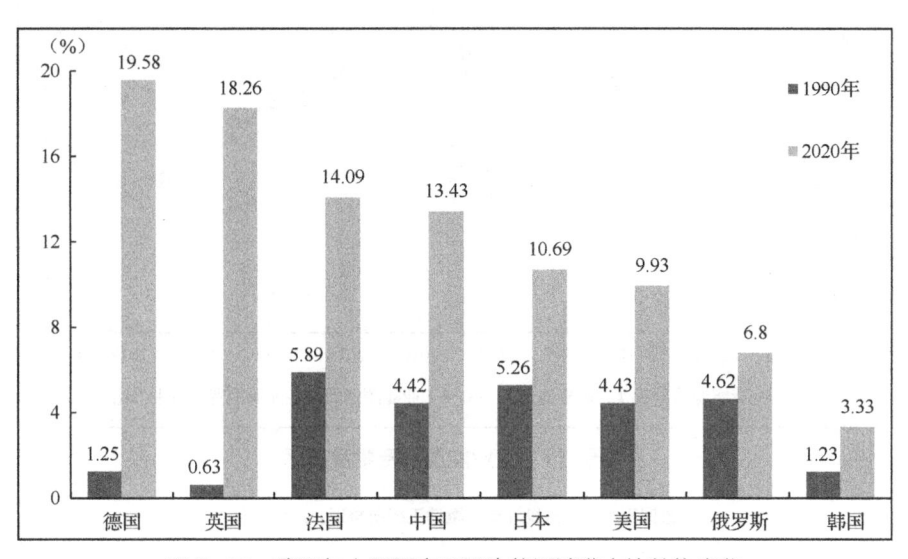

图 5-15　我国与主要国家可再生能源消费占比结构变化

数据来源：赛迪工经所整理，2023.01

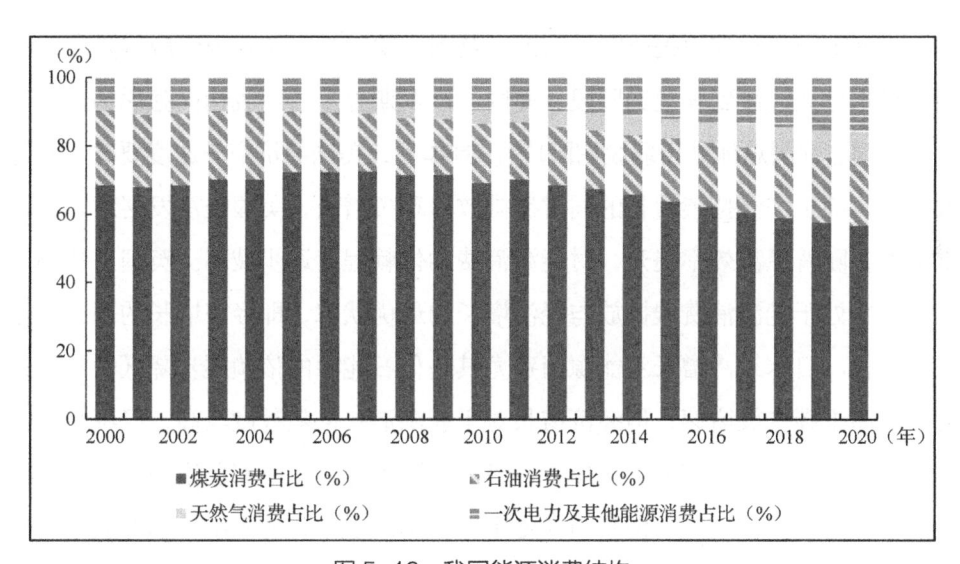

图 5-16　我国能源消费结构

数据来源：国家统计局，赛迪工经所整理，2023.01

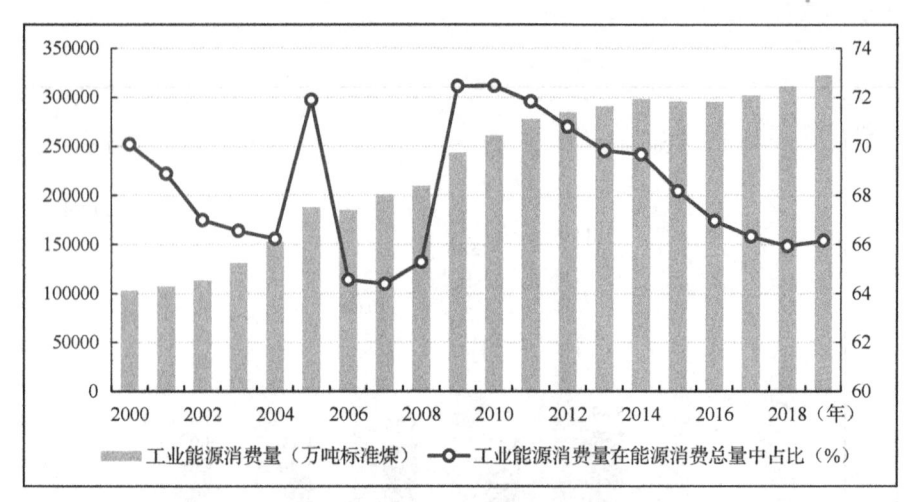

图 5-17　工业能源消费量及占比

数据来源：国家统计局，赛迪工经所整理，2023.01

（三）我国经济增长对能源消费依赖较高，实现经济增长与碳排放强脱钩道阻且艰

根据中国科学院相关研究，当前，英国、德国基本转变为强脱钩阶段，法国、日本已经过渡到强脱钩阶段，美国、俄罗斯处于由弱脱钩向强脱钩过渡阶段，中国、韩国总体处于弱脱钩阶段[①]。具体看，美国经济增长速度要高于碳排放增速，甚至经济持续增长的同时碳排放呈现负增长，美国经济发展对能源需求量大，随着经济效率提升，对能源消费的依赖程度逐步减弱。英国、法国、德国基本处于能源消费碳排放与经济增长的最优状态，即经济增长的同时碳排放负增长。日本经济增长对能源消费尤其是化石能源的依赖逐步降低。中国经济增速高于碳排放增速，但经济增长对于能源消费依赖程度较高，经济增长与节能减排的矛盾较为突出。总体看，当前，欧美等发达国家已实现一定程度的经济增长与碳排放脱钩，但我国尚处于工业化进程中，能源结构和产业结构偏重，经济增长对能源消费的依存度较高，要实现二者的进一步脱钩，与发达国家还存在很大差距，经济增长与碳排放强脱钩道阻且艰。

---

① 韩文艳、熊永兰等：《技大国能源消费碳排放与经济增长脱钩关系及驱动因素研究》。

三、建立健全节能降碳协同推进机制

（一）加强顶层设计和统筹谋划，完善节能降碳政策制度

逐步优化工业节能管理制度。一是健全工业节能管理监督机构职能，将工业节能工作纳入年度目标责任考核，建立工业节能目标责任制和激励机制，将节能目标完成情况作为对各级人民政府及其负责人考核评价的内容。二是加强与行业协会、科研机构对接，围绕节能规划和节能标准实施、节能技术推广、能源消费统计、节能宣传培训和信息咨询、能效水平对标达标等方面，完善与行业协会、科研机构的交流对接机制。另外，根据经济和社会发展水平逐年增加工业节能投入。

完善中小企业低碳发展政策支持体系。一是对重点行业中小企业碳排放情况进行摸底调查，建立健全与中小企业充分适配的碳排放核算标准体系。二是将低碳转型融入各地对中小企业培育的相关政策体系中，促进企业发展与低碳转型的深度融合。三是完善中小企业低碳转型政策支持体系，对已经纳入碳排放配额管理名单的中小企业强化政策支持。

加快智慧能源管理平台建设。一是建立完善智慧能源双碳云平台，推进多能互补、分时互补、区域联动，鼓励电力能源服务的新型商业运营模式。二是深化增量配电业务改革和分布式能源示范应用，推动建设"高载电产业+清洁能源"示范区。三是基于智慧光伏数字化管理平台建设，加快光储充一体化项目的应用推广，构建以分布式供能、储能调节、智慧充电、智能控制、用户管理服务于一体的用户侧综合能源业务体系。

（二）加强工业企业能效管控，持续推动工业能效提升

强化生产工艺和装备技术改造。一是鼓励大中小企业紧密合作，加强资源要素共享形成合力，重点推进低碳转型共性关键技术研发及生产工艺低碳化改造。二是制定绿色技术改造专项行动项目清单，在有色金属、煤炭、冶金等行业启动实施一批节能技术改造、重点污染物削减和资源综合利用项目。三是加

强与国内外先进水平对接，推广应用汽轮机通流改造、水泥窑炉热工效率提升、低温低电压铝电解等节能与清洁生产技术，实施能效提升、清洁生产、节水治污、循环利用等领域专项技术改造。

抬高新项目能耗准入门槛。一是对重点用能企业开展节能监察工作，强化工业企业执行生产工艺强制性标准。二是分行业制定高耗能项目准入标准，从严执行钢铁、铁合金、水泥、部分有色金属等行业产能等量或减量置换政策，完善投资项目产能减量置换调控机制。三是严格"两高"项目准入，确需新建的"两高"项目，在开展前期工作过程中，深入论证建设必要性、可行性，项目布局符合"三线一单"要求，工艺技术装备达到国内先进水平，能源消费符合地方能源消费总量和强度要求，单位产品能耗达到国家先进水平；污染物排放符合区域碳排放、污染物排放削减要求。

（三）加快新能源供给消纳体系建设，推动能源结构转型

鼓励电能替代模式创新。一是推动建立发输供峰谷分时电价机制，降低用电成本。鼓励电能替代企业与风电等各类发电企业开展双边协商或集中竞价的直接交易，电能替代项目可以按有竞争力的市场价格进行购电。二是挖掘工业领域电能替代和天然气替代的潜力空间，将实施电能替代的燃煤锅炉、燃煤窑炉、拥有燃煤自备机组企业等客户进行统一组织，委托第三方代理，通过"分表计量、集中打包"方式，作为一个整体参与直接交易。

加快布局光伏发电项目。一是在工业热负荷相对集中的开发区、工业聚集区、产业园区内，探索"光伏+标准厂房"模式。在屋顶资源丰富、电力消纳能力较好的县域，积极组织开展整县（市、区）屋顶分布式光伏开发利用示范。二是加快布局建设"绿色港口"分布式光伏发电项目，充分利用屋顶闲置资源，加快推广分布式光伏发电，有效提高码头作业区绿色电力利用率。

完善水电发展政策体系。一是制定完善水电长期发展规划，政府层面尽快落实常规水电、抽水蓄能等辅助服务市场化机制，鼓励小水电行业积极介入碳排放交易，增加除电量收益之外的"碳收入"。二是全面实施容量价格，黑启动、

调峰调频价格，填谷储能补偿机制，鼓励新能源发电企业自身建设抽水蓄能电站，通过储能提高电能质量。加快龙头水电站的建设和常规水电站的蓄能功能改造。

（四）落实好碳减排支持工具，完善碳减排金融支持体系

积极参与碳金融市场建设。一是支持碳信用和碳汇生产创新，支持具有减碳或增加碳汇的绿色项目。二是规划建设碳汇权交易平台，鼓励开展碳汇权交易试点。三是积极参与绿色债券市场建设，鼓励各地发行中长期"碳中和"债券，加强对具有碳减排效益的绿色产业项目的金融支持，引导更多金融资源向绿色低碳发展倾斜。

探索碳配额相关的金融创新产品。一是研究和推动碳金融产品的开发与对接，鼓励金融机构稳妥有序探索开展碳基金、碳资产质押贷款、碳保险等碳金融服务。二是鼓励金融机构积极开发适用于中小企业绿色低碳发展的金融工具和产品，将碳排放权交易失信行为纳入信用平台，设立中小企业碳减排技术研发或项目建设专项贷款，为中小企业低碳转型提供便利投融资服务。

（五）加快节能降碳技术改造，推动重点领域节能降碳

完善钢铁行业碳排放考核体系。一是继续推动钢铁行业过剩产能整治，对碳排放较高的低效企业进行清退关停或兼并重组。出台财税、金融、产业等政策扶助龙头企业率先进行低碳绿色生产改造。二是逐步引入推广铁矿石压块技术、直接还原炼铁技术、氢能炼铁技术等技术路线。三是增加废钢等铁素资源高效回收利用量，引导企业转向"废钢生产钢材"的再循环模式。四是强化对钢铁行业的碳交易配额限制，提高企业生产的排放成本与准入门槛。鼓励相关部门加强对钢铁企业的碳排放情况核算监测，开发基于生命周期评价的碳排放分析。

加强有色金属行业绿色化改造。一是控产能优存量。结合需求进入平台期的实际情况，针对电解铝、铜、氧化铝冶炼制定精确的产能总量控制政策，严控有色金属冶炼产能总量，构建高质量高水平的供需动态平衡。二是借助新技术路线、清洁能源代替等手段推动行业能源结构调整。加快构筑有色金属行业

低碳技术发展路线图，重点突破余热回收、原铝低碳冶炼等共性关键技术、颠覆性技术。鼓励大力应用风电、光伏、微电网等新型清洁能源，逐步减少应用传统的"煤—电—铝"联营的高能耗模式。三是加强行业末端环节的绿色化改造。发展有色金属再生利用，积极完善有色金属资源回收和综合利用体系，鼓励资金雄厚、绿色低碳领先的大型企业在废旧金属产量大的地区建设资源综合利用基地，并予以一定土地、税收等政策支持。

提升建材行业能源利用效率。一是推动建材行业提高燃料端的能源使用效率，同时发展绿色材料或技术实现生产端的节能减排。二是引导建材业内部进行市场调整，借助错峰生产、企业调整等方式完成绿色低碳更迭。三是鼓励建材行业积极融入碳数字平台、碳交易市场等数据及交易中心建设，构筑建材业产业链、供应链、金融链的绿色生态体系。针对水泥、平板玻璃等代表性建材领域，进行碳排放数据收集等数字化基础性工作，加强重点产品碳排放监测、统计、预警及交易方案制定工作。四是探索创新绿色金融支持建筑行业绿色发展的体制机制，保持建筑材料领域的绿色信贷较快增长。

第五节 数字化发展赋能机制

以新一代信息技术为引领的数字化发展，是全面提升经济体系发展质量、开创新的经济增长空间的关键。从数字化发展路径来看，主要分为数字产业化和产业数字化。从推动工业经济增长的角度来看，数字产业化包括数字新型基础设施、电子信息制造业、数字智能消费品、数字服务消费设备、数字智能装备等；产业数字化是基于5G、物联网、工业互联网、大数据、云计算和智能装备进行生产、管理的数字化转型。本节的第一部分阐述数字化发展对于工业稳增长的重要作用，第二部分对数字产业化和产业数字化推动工业稳增长的具体路径进行分析，第三部分分析当前实现上述稳增长路径面临的主要问题，第四部分阐述以数字化发展推动工业稳增长改革发展的着力点。

一、数字化发展成为工业稳增长的关键力量

数字化发展是应用数字技术特别是新一代信息技术，创造新的产品和服务，以及推动全产业体系的生产、运营过程实现数字化管理和控制。其中，数字产品和服务的发展被称为数字产业化，产业体系运用数字智能技术进行生产管理被称为产业数字化。数字产业以及基于数字化模式进行生产管理的产业体系是构成数字经济的两个核心领域，数字经济是新一轮科技革命和产业变革的关键领域，逐步成为世界经济增长的重要引擎。近年来，我国大力推动数字经济发展，数字经济涉及的范围广，带动作用强，在宏观经济全局中的重要性日益凸显，数字产业发展和传统产业数字化转型是经济更高质量增长的重要力量。

从我国数字经济规模和增长速度来看，2015—2022 年，我国数字经济规模保持高速增长，除 2020 年和 2022 年分别增长 9.7%和 10.3%以外，其余年份增速均达到 15%以上；数字经济占 GDP 比重从 2015 年的 27%快速上升到 2022 年的 41.5%。数字产品制造业是数字经济的核心产业之一，其中电子信息制造业是数字产品制造业的重要组成部分，从近两年发展情况来看，2021 年，我国规模以上电子信息制造业营业收入突破 14 万亿元，占整个工业营业收入的比重达到 11%，连续 9 年位居工业第一大行业（图 5-18），增加值同比增长 15.7%，在 41 个大类行业中排名第 6，增速创近十年新高，比同期规模以上工业增加值增速高 6.1 个百分点，构成工业经济增长的重要支撑（图 5-19）。2022 年，我国电子信息制造业生产保持稳定增长，规模以上电子信息制造业增加值同比增长 7.6%，分别高于工业、高技术制造业 4 个百分点和 0.2 个百分点。

数字经济对各行业的发展有重要的赋能带动作用，根据《中国数字经济发展报告（2022 年）》[①]中对我国各省市投入产出的测算（图 5-20），与 2007 年相比，全国数字化投入总规模增加 1.85 倍，传统产业对数字化的接受和投入有明显增长，第二、三产业的数字化应用情况有显著上升，其中信息通信产业数字化投入规模最大、增长较快。

---

① 中国信息通信研究院：《中国数字经济发展报告（2022 年）》。

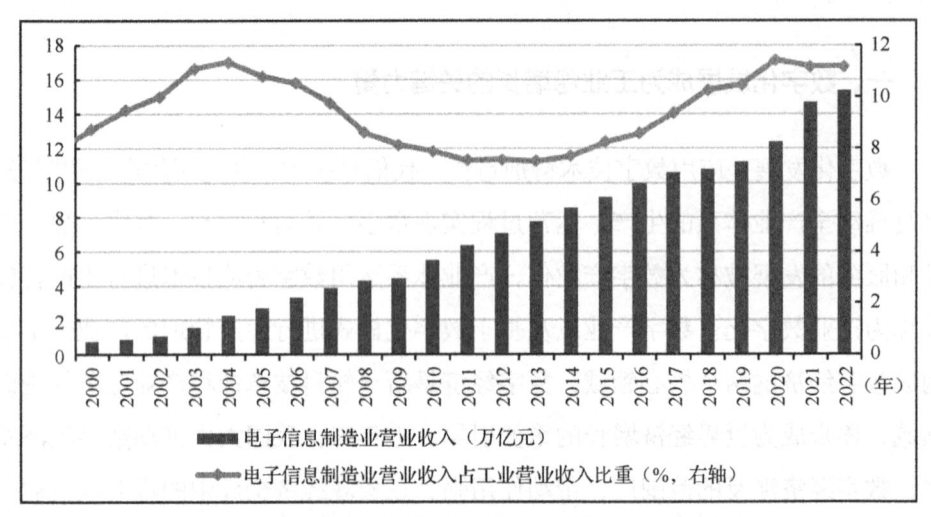

图 5-18 我国电子信息制造业营业收入及其占工业营业收入比重

数据来源：Wind、工业和信息化部

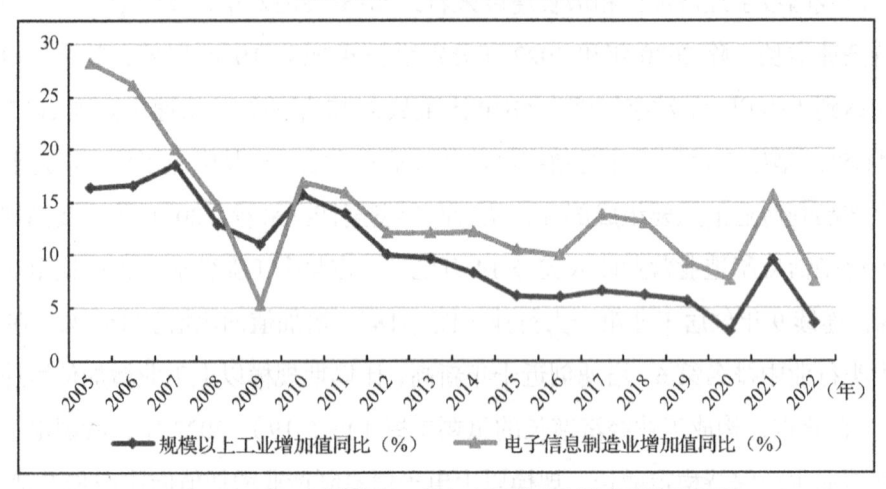

图 5-19 我国规模以上工业和电子信息制造业增加值同比

数据来源：Wind

推动工业发展迈向智能化时代的数字技术，最为关键的突破在于 5G 通信技术，其所具有的高速率、低时延等关键性能，能够对连接到互联网的设备、设施实时采集的数据进行高速传输和实时存储，进而能够基于对大数据的实时智能计算，实现实时决策反馈，在推动工业全链条生产率提升、工业消费品升级、工业装备设备升级等方面能够发挥关键作用。智能化技术在工业领域全方位的

应用空间，是构建工业增长新动能的重要方向。

图 5-20　我国数字经济占 GDP 比重及数字经济增速

数据来源：Wind、《中国数字经济发展报告（2022 年）》

在历史上的三次工业革命中，机械化、电气化、信息化引领了工业的全面变革，推动自动化水平和生产效率实现跨越式发展。当前，数字化、智能化引领下的第四次工业革命是长期进程和系统工程，将能够使我国在前几轮工业革命进程中存在短板的领域实现加速弥补，从而推动产业层次水平全面提升。例如，我国在物联网芯片、传感器芯片领域的发展突破，能够带动我国在半导体领域整体水平的提升；智能制造装备领域的发展突破，能够带动我国在高端装备制造领域整体水平的提升。因此，我国应以把握数字化革命的发展进程为引领，以构建关键性基础软硬件自主可控配套能力为支撑，实现产业基础高级化、产业链现代化。从这一角度来看，数字化发展成为打造工业经济高水平的新增长动力，是综合性、系统性的强国战略，通过加强全面布局，推动数字中国与制造强国战略协同推进，工业高质量增长空间广阔。

二、数字化发展赋能工业经济增长的机制和路径

党中央多次强调，要"坚持扩大内需这个战略基点"，"把实施扩大内需战略同深化供给侧结构性改革有机结合起来"。数字化发展通过数字技术和数字产业新供给、开拓消费和投资新空间，以及赋能传统产业数字化转型升级助力推动实现扩大内需战略目标。数字化发展对工业经济增长的赋能作用，主要分为数字产业化和产业数字化两个方面。

（一）以推动数字产业化发展扩大内需

我国着力推动数字产业化发展，构建工业增长新动能的主要路径在于：通过全面布局新型数字基础设施，驱动数字产业的投资和发展，进而以数字产品供给规模和质量的提升，推动扩大消费和消费升级，以及全产业体系对智能装备、设备的投资配置和产业升级，引领工业经济实现扩大内需和高质量增长的战略目标。

1．推动数字产业发展，扩大有效投资

（1）建设新型数字基础设施，引领数字产业投资

我国全面推进数字化发展，实现数字技术全面赋能高质量增长，需要以全面布局5G基站、大数据中心、物联网、工业互联网、人工智能等新型数字基础设施为先导。从构建工业增长新动能、推动工业稳定增长的目标来看，新型基础设施建设可以直接扩大有效投资；从投融资模式来看，新型基础设施与传统基础设施存在较大不同。在高速增长阶段，我国充分发挥"集中力量办大事"的体制优势，以地方政府为主导，大力推动了传统基础设施高速建设；新型基础设施的投资建设，要发挥政府引导作用，以市场为主体，支持多元化参与，这一模式能够充分发挥市场主体优势，推动新型基础设施共建共享，实现建设资金来源渠道多元化，缓解地方政府财政压力，增强发展可持续性。

《"十四五"信息通信行业发展规划》提出，到2025年，基本建成高速泛在、集成互联、智能绿色、安全可靠的新型数字基础设施。预计信息通信基础设施累计投资将由2020年的2.5万亿元增长至2025年的3.7万亿元。具体来看，新型数字基础设施建设主要包括以下重点领域。

5G基站是新型网络通信基础设施，是实现实时采集数据高速传输、实时存

储的关键基础。我国已建成全球规模最大的5G网络，5G基站总量占全球60%以上。截至今年2月末，我国5G基站总数达到238.4万个，占移动基站总数的21.9%，5G网络建设正在稳步推进，以面向应用需求为导向，对工业园区、高校、医院和旅游景区实现5G网络重点覆盖。根据《"十四五"信息通信行业发展规划》，"十四五"期间我国将力争建成全球规模最大的5G独立组网网络，力争实现每万人拥有的5G基站数达到26个，城市和乡镇全面覆盖、行政村基本覆盖、重点应用场景深度覆盖。根据中国信息通信研究院预测，到2025年，我国5G网络建设累计投资将达1.2万亿元。

大数据中心是对经济社会应用场景中实时采集的数据进行集中存储、计算、分析，以数据的集成共享实现数字化管理的基础设施。当前，我国各地区正在加速布局大数据中心，其应用领域十分广泛，主要包括：新能源汽车大数据中心、国土资源大数据中心、长江经济带大数据中心、健康医疗大数据中心、能源大数据中心、渔业大数据中心、工商大数据中心等。在未来，大数据技术的应用范围和场景将进入全方位深度开发阶段。

物联网新型基础设施的主要功能是感知环境、采集和处理数据，主要包括传感器、物联网芯片和物联网感知终端等。其中，传感器用于感知环境和采集数据，物联网感知终端对传感器采集的数据进行处理，并通过网络接口传输到互联网中。物联网新型基础设施是工业互联网的基础硬件条件。

工业互联网是实现工业生产运营设备接入智能云平台，进行工业数据采集、传输、分析、决策、反馈的工业智能化基础设施体系。工业互联网平台基于工业机理模型、人工智能算法和云计算技术，对实时上传的工业数据进行实时分析、决策、反馈，从而实现工业智能化。根据《物联网新型基础设施建设三年行动计划（2021—2023年）》，2023年底要在国内主要城市初步建成物联网新型基础设施。根据《国务院关于深化"互联网+先进制造业"发展工业互联网的指导意见》，我国"到2035年，建成国际领先的工业互联网网络基础设施和平台，形成国际先进的技术与产业体系，工业互联网全面深度应用并在优势行业形成创新引领能力"，"到本世纪中叶，工业互联网网络基础设施全面支撑经济社会发展，工业互联网创新发展能力、技术产业体系以及融合应用等全面达到国际先进水平，综合实力进入世界前列"。

另一方面，基于物联网技术对传统基础设施进行数字智能化改造，是传统基础设施升级发展的重要方向及智慧城市建设的重要支撑。未来将着力推动城市交通、电力、热力、燃气、水利、环保等领域布局智能化基础设施，基于实时数据采集、智能分析和优化决策，提高公共管理服务效率和居民生活品质，降低运营成本，减少资源浪费。此外，从社区数字基础设施建设发展来看，未来将重点围绕社会治安、医疗健康、环境卫生、养老服务、物业管理等方面进行布局。

着力推动数字新型基础设施建设，一方面可以直接扩大有效投资，更重要的作用在于引领、驱动数字产业的投资和发展，以及赋能传统产业转型升级。我国推进新型数字基础设施建设，注重以产业应用需求为导向，挖掘市场潜能，积极拓展应用场景。在基础设施条件的支撑下，我国数字产业发展正在进入全面性开拓进程，数字产业项目投资将是扩大内需、提高发展质量的重要支撑。根据《中国数字经济投融资分析报告（2017—2021）》[①]相关数据，近年来我国数字产业市场规模保持高速增长态势，其中，2021年我国人工智能产业融资总额为4130.27亿元，同比增长26%，是数字经济核心产业投资增长最快的产业之一。

（2）以智能装备制造业发展引领全产业体系投资升级

智能装备制造业的发展，将引领包括农业、工业、建筑业和服务业在内的全产业体系投资智能装备、设备，是新型工业化引领经济体系资本升级的关键途径，这一升级发展进程将推动装备制造业市场规模快速增长。

在农业领域，随着乡村振兴战略的深入推进，农机装备智能化受到国家相关部门和社会各界的高度重视。以智能拖拉机、插秧机、抛秧机、播种机、旋耕机、施肥机、喷药机、灌溉机、收获机、植保无人机等为代表的新型农业智

---

① 火石创造产业研究院：《中国数字经济投融资分析报告（2017—2021）》。

能装备正在我国多地开展试用和推广。未来我国在农业智能装备的型号多样性和技术水平方面仍有非常大的提升空间。

在工业和建筑业领域，智能装备投资主要包括工业级无人机、工业机器人、数控机床、智能仪器仪表、3D打印机、VR协作系统、智能施工机械等。从具有代表性的工业智能装备市场规模来看，根据《2022年中国工业无人机行业全景图谱》①报告预测，2026年我国工业级无人机市场规模约为2658亿元；根据国际机器人协会（IFR）数据，在2011—2021年10年间我国工业机器人年度安装量增长超过5倍，年均增长率达到142%，呈高速增长趋势。

在服务业领域，智能装备投资主要包括仓库智能配货机器人、无人驾驶物流车、智能船舶、VR服务消费设备、智能医疗器械设备、智能教学设备、无人零售智能设备等。根据移动机器人产业联盟数据，近年来移动机器人市场规模保持高速增长。2021年我国物流机器人行业市场规模达126亿元，同比增长63.6%。

（3）全产业体系数字化技术改造投资

基于物联网、产业互联网技术，全产业体系正处在生产、经营、管理流程数字化改造的历史进程之中。数字化、智能化技术改造，是扩大有效投资和推动资本升级的关键领域之一。例如，2022年湖南省实施制造业数字化转型"三化"重点项目467个，投资完成额超145亿元，推动7.68万家中小企业"上云"，制造业数字化研发设计工具普及率达78.3%，实现网络化协同的企业比例达到41.4%。安徽省提出，到2025年实现全省制造业重点行业规模以上企业数字化改造全覆盖、规模以下企业数字化应用全覆盖，每年新增"数字领航"企业、省级智能工厂和数字化车间200个。

2．推动数字产业发展，扩大消费

一是发展数字智能消费品，推动消费升级，扩大消费需求。智能消费品的效用主要在于提升使用环节的智能化水平，提升居民生活的便利度、舒适性，

---

① 前瞻产业研究院：《2022年中国工业无人机行业全景图谱》。

或基于传统消费品,创新开发附加的智能功能,支持个性化的消费需求。

数字智能消费品主要包括智能家居、智能网联汽车、智能学习设备、智能可穿戴设备、消费级无人机、VR（虚拟现实）消费品等。从具体产品来看,智能家居主要包括智能家电、智能照明、智能窗帘、智能安防设备、智能环境监测设备等;其中,智能家电主要包括智能冰箱、智能洗衣机、智能电视、智能微波炉、智能洗碗机、智能扫地机、智能坐便器等。根据工信部发布的数据,2016—2021年,我国智能家电的市场规模从2240亿元增长到5760亿元,智能家居的市场规模从2608亿元增长到5800亿元,呈高速增长态势。在智能汽车消费领域,根据《2022中国智能汽车发展趋势洞察报告》,预计到2025年,我国L2及以上智能汽车的销量将突破千万辆,市场潜力巨大。在智能学习设备消费领域,根据第三方机构弗若斯特沙利文发布的数据,2017—2021年,我国智能学习设备的市场规模由281亿元增长到659亿元[①]。

二是发展电子商城,以市场新模式促进商品流通,开拓消费市场,基于大数据技术实现精准营销,扩大消费。网络商城已成为工业消费品流通和扩大消费的重要渠道。根据国家统计局数据,全国实物商品网上零售额占社会消费品零售总额的比重持续快速上升,从2015年占比10.8%上升到2022年占比27.2%。2015—2019年,全国实物商品网上零售额保持高速增长;2020—2021年,虽然增速有所下降,但总体来讲仍然保持了较快增长。未来随着数字技术的进一步发展,网络购物的便利度将会进一步提升,对于扩大消费的作用将会进一步凸显。

（二）以数字化转型提升工业生产运营质效,推动创新发展模式变革,延伸价值链条

以5G、大数据、人工智能、云计算和物联网等为核心的新一代信息技术的组合,能够构建智能化的工业系统,实现工业生产、运营、管理流程的智能化,这是新一轮科技革命开创的工业生产力水平新能级,是以信息化为引领的第三次工业革命所未能实现的。在4G时代,由于受到网络通信速度、时延等因素的

---

① 金朝力、王柱力:《智慧教育让"教学回归课堂"》。

制约，实时采集的大数据尚未完成传输和储存便会被新数据所覆盖，因而无法对实时采集的数据进行实时存储、运算、分析和反馈，无法实现工业系统智能化。5G实现了网络通信技术升级，可以通过物联网技术实时采集、传输和存储数据，实现对信息数据资源的充分开发和利用，从而使得生产、管理决策能够基于更加全面、综合、系统的实时信息。在此条件下，经济决策和经济活动所依赖的信息基础实现了质的变革，数据成为了生产活动的要素，传统生产要素的维度实现了扩充和升级。依托云计算技术和人工智能算法，能够实现对大数据的高速运算和智能分析，提高经济决策的科学性和精准性，从而有效提高企业的经济效益。新一代信息技术的综合赋能，使工业系统在某些生产、管理环节具备一定的专业技术劳动智能。

根据工信部发布的数据，截至2022年底，全国工业企业关键工序数控化率和数字化研发设计工具普及率分别达到58.6%、77.0%，重点平台连接设备超过8100万台（套），覆盖45个行业大类。工业互联网平台是大数据、云计算和人工智能技术的集成平台，目前的功能以支撑制造业数字化转型为主，正在向工业其他领域延伸拓展。

推动制造业全面数字化转型，可以在研发设计、生产制造、运营管理、销售服务等全环节提升经济效益。一是研发设计。依托工业互联网平台的大数据智能分析和资源集成功能，制造业企业可以实现智能研发设计，大幅缩短产品研发周期，增强产品市场竞争力。工业互联网平台能够集成众多的科学技术研究资源，制造业企业可以实现与行业领域专家协同开展研发设计，充分利用科技创新资源，发挥科技创新引领作用。基于工业互联网平台，还能够实现产业链上下游企业协同研发设计，提高产业链组织效率。二是生产制造。基于企业全业务链互联互通智能管理，企业完成产品研发设计后，基于工业互联网平台智能计算，能够以最优规模进行生产制造。基于装备、设备的数字化改造以及智能机器人，可以实现生产制造流程的智能化。通过对行业生产全流程大数据的实时智能分析，可以实现生产工艺的优化改进。数字化装备的生产速度、精准程度与人工相比具有明显优势。因此，智能制造能够有效提高生产效率和产品质量，减少资源浪费，降低残次品率。三是经营管理。产业链上下游企业可以通过工业互联网平台实现协同生产，提高产业链运行效率。企业可以基于工业互联网平台，实现采购、生产、库存、物流动态协同，有效提高全供应链管理效率。基于对各业务板块实时数据的集成、共享、智能分析，可以对企业运行进行动态优化调整，提高业务链条协同水平和资源配置效率。基于工业互联网平台，可以对生产设备进行实时智能监测与健康管理，提高设备运行维护效率，预防发生设备故障和生产事故，减少企业损失。基于智能机器人构建智慧仓储物流，可以大幅提高仓库货物搬运管理效率。四是销售服务。制造业企业可以通过打造智能监测云平台，对销售的设备提供远程智能运维服务，从而实现业务链条延伸，推动企业向"制造+服务"转变，创造更多业务价值。客户购买的设备接入智能监测云平台后，制造商通过云平台对设备上传的运行数据进行实时智能分析，并提供远程诊断和维修服务。此外，制造业企业还可以通过提供工业设计服务、定制化服务等，拓展价值链。

制造业数字化转型，能够推动创新发展模式变革，提高创新能级，强化产业集聚协同，优化产业生态。以产业园区、产业集群为导向，打造能够满足共性需求的工业互联网平台，能够高效推动产业集聚区数字化转型，更快提升整体数字化发展水平，高效汇聚产业集群的制造资源，全面加强协同合作，增强整体实力。基于数字化云平台，对产业园区进行统筹管理，能够大幅提升管理服务的效率和针对性。借助工业互联网平台，能够打造跨区域的"虚拟"产业园区和产业集群，克服地理空间对优势资源整合、加强产业链跨区域协同发展的制约，基于平台化运营模式，可以实现全国范围内高水平资源的广泛联合，以集群式协同创新全面提升发展能级，聚力关键核心技术攻关；可以促进全国不同地区错位互补发展，提高全国整体产业链组织协同效率，锻造产业长板，弥补产业短板，增强产业链水平；可以通过加强跨区域合作和资源共享，更好地带动发展相对滞后地区，推动市场资源与地区发展需求实现更好的对接，促进区域协调发展，从根本上改变欠发达地区因发展基础薄弱面临的困局。制造业发展水平相对落后的地区，应通过更好地利用数字化资源平台，以配置科技创新资源为关键导向，大力推动地区特色优势产业实现全方位转型升级，以大幅提升特色优势产业能级为突破，带动制造业技术资源汇聚发展，并以此为基础带动制造业整体水平提高。发展多层次的工业互联网平台，可以实现以更为灵活、高效的方式对制造业资源进行整合，打造多层次的创新共同体，更好地发挥市场功能，构建需求牵引供给、供给创造需求的更高水平的动态均衡，进一步发挥大众创业、万众创新的引领作用。

工业其他门类也在着力推动数字化转型升级。其中，采矿业正在推进智能矿山建设，致力于实现远程操作采矿装备和矿井现场无人化，以克服煤炭行业安全风险高、事故多发问题，以及提高采矿效率和矿井管理水平。电力、热力、燃气及水生产和供应业正在推动生产、运输、消费等各环节智能化升级，以全流程的实时监测和数字化控制，提高生产运营效率，以及助力能源系统绿色低碳转型。

从数字化转型的效果来看，根据工信部调查数据，83%的企业表示应用工业互联网后生产经营效率明显提升。根据《中国数字经济发展报告（2022年）》，以深圳市宝安区工业互联网产业示范基地为例，基地内工业300强企业通过工业互联网改造，生产现场员工数量平均减少16%，劳动生产率平均提升13%，人均利润率提升16%；设备运维成本降低13%，综合利用率提升56%；新产品上市周期缩短17%，采购周期平均缩短24%，库存周转率提升19%。

三、以数字化发展助力工业稳增长面临的问题

（一）物联网基础设施存在关键核心技术短板，智能装备设备制造业大而不强

我国数字化发展正在加速推进，是工业增长新动能的重要力量，但目前在一些关键核心技术方面仍存在短板。在物联网基础设施方面，我国在DMD芯片、仪器仪表变送器、触觉传感器和ECU电子控制单元等领域，关键核心技术短板突出，国内企业总体上还不具备自主生产能力；在高速率光通信芯片、12英寸电子级高纯硅、射频滤波器、芯片设计EDA、阵列天线、传感器芯片和光纤传感器等领域，关键核心技术存在较大短板，国内企业目前能够生产的产品品类

十分有限，产品档次不高，总体国产化率低于 10%。在智能装备设备制造领域，我国产业目前仍大而不强。智能装备设备是先进制造技术和数字技术的有机融合。目前，国内在关键元器件制造技术方面的短板，对高端智能测量仪器仪表制造形成制约，绝大多数国产仪器仪表达不到国际先进水平，国内优先采购境外产品，部分仪器完全依赖进口。传感器、工业芯片、高性能伺服电机和驱动器、精密减速器等智能装备核心配件，以及绝大部分高端精密机床及刀具，严重依赖进口。

（二）多层次工业互联网平台体系仍不够健全，智能分析决策功能无法有效满足企业需求

我国已初步建立形成多层次的工业互联网平台体系，但目前行业标准尚不明确，平台服务商市场化盈利模式尚不完善，现有平台体系无法有效满足工业领域众多行业的数字化转型需求。人工智能平台是工业互联网平台的核心，目前国内人工智能发展水平与国际前沿仍有较大差距，基于人工智能算法和工业机理模型的工业软件发展存在较大短板，特别是在高端工业软件和工业控制系统领域，我国目前自主可控能力不足，工业软件提供的智能分析服务功能较为有限，产业生态尚未形成。在此背景下，我国工业互联网平台发展仍处于初期阶段，较多集中在提供基础层面的设备接入、流程监管等服务，在工业应用软件和决策优化服务供给等方面能力不足，能够提供众多行业数字化转型解决方案的综合性平台很少，与此同时能够提供个性化服务的平台也较为缺乏。根据《中国两化融合发展数据地图（2021）》[①]，研发设计环节的工艺设计是薄弱环节，2021 年我国仅有 37.1%的企业能够实现工艺流程设计和工艺过程仿真数字化管理；生产制造环节企业纵向管控集成的数据贯通水平偏低，2021 年我国只有 24.6%的企业能够实现管控集成，特别是生产管理层和制造执行层之间的数据存在明显割裂。

[①] 国家工业信息安全发展研究中心：《中国两化融合发展数据地图（2021）》。

（三）中小企业数字化转型发展相对滞后

中小企业在资金、人才、技术等方面资源受限，在数字化转型中面临较多困难，转型进程相对滞后。《中国两化融合发展数据地图（2021）》显示，2021年我国两化融合发展水平达到 57.8，大型企业、中型企业和小微企业分别为 63.5、55.7、51.9，中小微企业数字化转型进程明显滞后。澳洲会计师公会发布的调查显示①，超过三成来自我国内地的中小微企业受访者表示，所在企业没有任何数字化转型战略，这一比例在大型企业为 11%；14% 的我国内地中小微企业受访者表示，所在企业未来 12 个月不会增加任何技术应用，这一比例在大型企业为 4%。对于中小企业来说，目前数字化转型专业服务费用较为昂贵，资金投入规模较大，在此前疫情冲击下经营效益压力显著增加，数字化转型升级的积极性较低。根据有关调查②，较大比例的中小企业认为数字化转型对于解决经营压力的作用不显著。此外，中小企业在高端复合型人才方面相对缺乏，对于数字化转型必要性的认识不足，对转型的路径方案缺乏了解。

四、政策启示与建议

（一）大力推动物联网基础设施和智能装备设备制造领域关键核心技术攻关

未来我国需大力实施物联网基础设施和智能装备设备制造领域的关键核心技术攻关工程，增强自主可控能力，实现可持续深入的数字化赋能机制。在我国工业化发展时间相对较短、先进制造技术的积累相对薄弱的背景下，必须充分发挥新型举国体制优势，发挥政府在科技创新战略指引和战略组织方面的关键作用，实现最大力度强化国家战略科技力量，实现创新要素最优集成和优势互补，形成科技创新攻关和追赶优势，提升产业"卡脖子"环节和制高点领域技术攻关能级，以高层次水平的共性技术加速突破，有力带动大众创业、万众创新，即构建以国家创新战略共同体为引领的核心驱动力，大力开拓企业技术

---

① 《调查：中国企业加速数字化转型，但中小企业在技术应用上明显落后》。
② 刘涛、张夏恒：《我国中小企业数字化转型现状、问题及对策》。

应用研发的基础和空间，实现创新驱动发展战略的加速推进。

（二）完善工业互联网平台发展机制，大力加强人工智能产业发展的关键支撑作用

一是要完善工业互联网平台标准体系和市场化模式。加快探索完善行业标准和市场机制，推动工业互联网平台规范化发展，扩大普及应用范围。二是深化工业互联网平台多层次发展，全面提升对多层次的数字化转型需求的有效满足能力。一方面，要加强覆盖众多行业的综合性平台建设，提高数字化转型共性技术供给能力，扩大数字化转型服务覆盖范围。另一方面，要加强专业化服务平台建设，提升对不同行业及细分领域数字化转型需求的有效满足能力，以及对企业定制化、个性化需求的服务供给能力。三是大力发展人工智能产业，强化支撑产业数字化转型的发展导向，大力推动人工智能技术与产业应用相结合的高端软件研发，全面提高工业互联网平台服务功能的层次水平。

（三）大力推动中小企业有效开展数字化转型

全面加强专业技术服务指导和财政金融扶持，着力帮助中小企业克服数字化转型的主要困难，实现中小企业数字化转型发展局面的新突破。一是要加大对中小企业数字化转型的财政金融支持，增加对中小企业数字化转型的贷款规模，有效降低相关融资成本，对数字化转型投资数额较大的企业给予一定的财政补贴。二是要进一步增强政府、行业协会的引导作用，通过实行产业链链长制，增强对全产业链的整体带动力，发挥龙头企业、"链主"企业对中小企业数字化转型的带动作用，增强政府公共服务和市场化的专业咨询服务相结合的中小企业数字化转型指导。三是切实保障企业数字化转型的数据安全，解决中小企业对风险的担忧，推动中小企业更加积极主动的开展数字化转型。

第六章 | Chapter 6

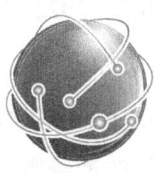

工业稳增长的长效机制探索：需求侧

从总需求角度看，消费、投资、出口是拉动宏观经济增长的"三驾马车"。通过对历史数据的分析发现，扩大居民消费需求、提高制造业投资效率、增强出口竞争优势是需求侧影响工业稳增长的关键因素，亟须探索建立相应的长效机制。

第一节　扩大居民消费需求的长效机制

党的二十大报告提出，"着力扩大内需，增强消费对经济发展的基础性作用"。2022 年中央经济工作会议指出，"着力扩大国内需求，要把恢复和扩大消费摆在优先位置"。从经济发展规律来看，大国经济都是以内需为主导的，国内市场需求是经济发展的主要动力。从中长期发展来看，我国具有全球最具成长性的消费市场，"扩内需"是发挥国内超大规模优势的必然选择，是畅通国内经济大循环的战略基点。从保持经济平稳运行来看，内需特别是消费需求已经成为我国拉动经济增长的引擎，是保持国民经济平稳运行的"稳定器"。构建扩大消费需求的长效机制，需要重点把握数字化转型的发展方向，将实施扩大内需战略同深化供给侧结构性改革有机结合起来，消除供给与需求的结构性失衡等深层次、结构性矛盾，增强消费对经济增长的驱动作用，推动经济平稳运行，实现质的有效提升和量的合理增长。

一、消费不足成为制约工业稳增长的重要因素

居民消费相对不足是我国经济发展中长久存在的、突出的结构性问题之一。近年来，我国居民消费增速放缓，新冠疫情对消费的冲击更加明显，消费需求疲软。消费不足，供需关系不均衡成为影响工业经济复苏的不稳定性因素，这增加工业经济平稳运行的内部和外部风险，最终制约经济结构由投资和出口转向由消费推动的高质量发展。

（一）从经济运行来看，供需恢复不均衡，消费恢复偏慢一直是疫情以来我国经济发展面临的制约性因素

需求端和供给端的决策方式和对政策敏感度存在的差异是供需恢复不均衡的主要原因。供给端的生产组织体现为集中决策，高政策敏感；而需求端则多为居民分散决策，低政策敏感。新冠疫情后，得益于公共部门投资、汽车消费需求以及出口表现好于预期，工业生产率先复苏，而消费和服务业的复苏则相对滞后。2020年12月工业增加值累计增长2.8%，出口总值累计增长3.6%，但社会消费品零售总额累计下降3.9%。居民消费持续低迷已经影响到经济的平稳运行。2022年GDP同比增长3%。工业增加值同比增长3.4%，但社会消费品零售总额比上年下降0.2%。其中10月、11月、12月同比分别下降0.5%、5.9%、1.8%。我国经济恢复中面临的需求收缩压力依旧较大，需求不足的矛盾仍然突出。

（二）从经济安全来看，提高经济运行抗风险能力的关键是依靠内需

党的二十大报告中提出，"增强国内大循环内生动力和可靠性，提升国际循环质量和水平"，《扩大内需战略规划纲要（2022—2035）》中指出，"实施扩大内需战略是应对国际环境深刻变化的必然要求。"在构建新发展格局的过程中，需要同时关注由内需不足引发的国内经济循环不畅风险和外需不稳定导致的输入性风险，如产业链可控性风险，地缘经济合作的不确定性风险等。改革开放以来，我国经济高速持续增长得益于对外开放实现的经济国际大循环。在这种外向型发展模式中，经济政策倾向于推动资源从消费转向投资。为了协调投资造成了产能过剩和国内需求不足之间的矛盾，通过出口大量商品进行缓解。如今，我国经济发展的要素禀赋和国际经济政治环境与改革初期相比发生了根本性的变化，我国与发达经济体的关系从互补合作转变为互补与竞争合作并存。①

2023年全球经济发展速度极大可能放缓，甚至停滞，我国的外部需求将进一步趋弱，外贸增长空间也将进一步缩小。实际上，这种影响在2022年第四季

---

① 江小涓、孟丽君：《内循环为主、外循环赋能与更高水平双循环——国际经验与中国实践》。

度已经出现。11月份，我国出口额（美元计价）同比下滑8.7%，连续2个月出现负增长，创近33个月的最大降幅。出口下滑态势非常明显。如果出口延续下滑态势，而消费和投资又不能及时补位，势必会削弱经济增长动能，加大国内经济下行压力，加剧国内供需失衡矛盾，增加企业生产经营困难。因此，保障经济安全提高经济运行抗风险能力的关键是依靠内需增强经济内循环能力，尤其通过扩大居民需求，形成对内循环的技术链和产业链，实现经济结构的平衡。

（三）从发展模式来看，居民消费相对不足制约着经济由投资和出口拉动转向由消费拉动的高质量发展

在社会生产的大循环中，消费是社会再生产循环的终点，同时也是重新引起整个循环的起点，对整个经济循环具有牵引作用，直接关系未来增长的稳定性和可持续性。党的十八大以来，我国在深度参与国际产业分工的同时，经济结构调整取得新进展。在推动高质量发展中，经济增长的动力也逐渐从投资转向消费以改善经济结构，实现质的有效提升和量的合理增长。内需对经济发展的支撑作用不断增强。2010年，我国消费率（最终消费支出占GDP的比重）触底至48.91%，2019年回升至56.02%，2021年略降至54%。最终消费支出连续11年保持在50%以上，成为拉动经济增长的重要引擎之一。但在最终消费中，我国居民消费占GDP的比重相对较低。与发达国家同等人均GDP进行横向对比。2019年后，我国人均GDP迈过1万美元，2021年达到1.2万美元，世界主要发达国家在人均GDP达到1万到1.2万美元时，其居民消费占GDP的比重均在50%以上。其中，美国、英国均为60%左右，日本、韩国为54%左右，英国为56%(数据来源：世界银行)。而我国居民消费占GDP的比重仅保持在38%~39%，2019—2021年分别为39.25%、38.20%和38.37%。这说明我国居民消费增长还有较大的空间。2020—2022年，由于消费复苏偏缓，在一定程度上对经济增长造成了拖累。消费增长速度明显低于经济增长速度，消费对GDP的贡献率明显下降，2022年第二季度，消费对GDP增长贡献率为-217.5%，2022年最终消费对GDP增长贡献率仅有32.8%。远低于疫情前60%左右的平均值。

二、消费促进工业稳增长的路径

（一）消费对经济增长的拉动集中体现在制造业领域

随着我国经济从高速增长转向高质量发展，消费对经济的驱动作用不断增强，居民消费增速突出。2010年到2021年，最终消费占GDP的比重从48%上升到54%。2021年消费对GDP增长的贡献率和拉动作用分别是65.4%和5.3个百分点，分别比2010年提高18个百分点和0.3个百分点（数据来源：国家统计局）。在最终消费中，居民消费占比稳定在七成左右，并保持着较快的增长，2010—2021年，居民消费支出年均增长超过11%。

消费对经济的支撑作用集中体现在制造业领域。第一，在最终居民消费支出中，制造业的占比最高。根据2020年投入产出表消费结构计算，在居民消费中，制造业、房地产业、教育行业、农林牧渔业（按行业门类划分）以及金融业占比位列前五，分别为21.8%、10.52%、6.40%、5.93%和5.74%，如图6-1所示。第二，消费需求对各行业的诱导作用也主要体现在制造业领域。消费需求对经济的影响可通过计算生产诱发系数[①]来反映，生产诱发作用越大，表明对产品部门的生产波及效果越大。测算表明，每100亿元最终消费可诱发社会总产出230亿元，如图6-2所示，为不同行业消费的生产诱发系数。第三，制造业对其他产业部门具有较强的影响力，通过产业间的联结能带动大多产业发展。各行业生产活动的消耗对其他行业的拉动作用则可以通过影响力系数[②]反映，测算得出制造业影响力系数最高，为1.34。具体来看，制造业31个大类行业中，有29个行业的影响力系数都大于1，这意味着制造业各行业的影响力超过其他行业的平均水平。依靠较强的影响力，制造业生产需求可对各行业形成拉动从而影响整个国民经济。

---

① 生产诱发系数是说明各产业部门的生产受各需求项目影响程度的相对数，反映某一个需求项目（如消费）每增加一个单位的社会需求，各产业部门将诱发多少单位的生产额。

② 影响力系数是说明某一部门增加1个单位最终使用时对国民经济各部门所产生的生产需求波及程度。

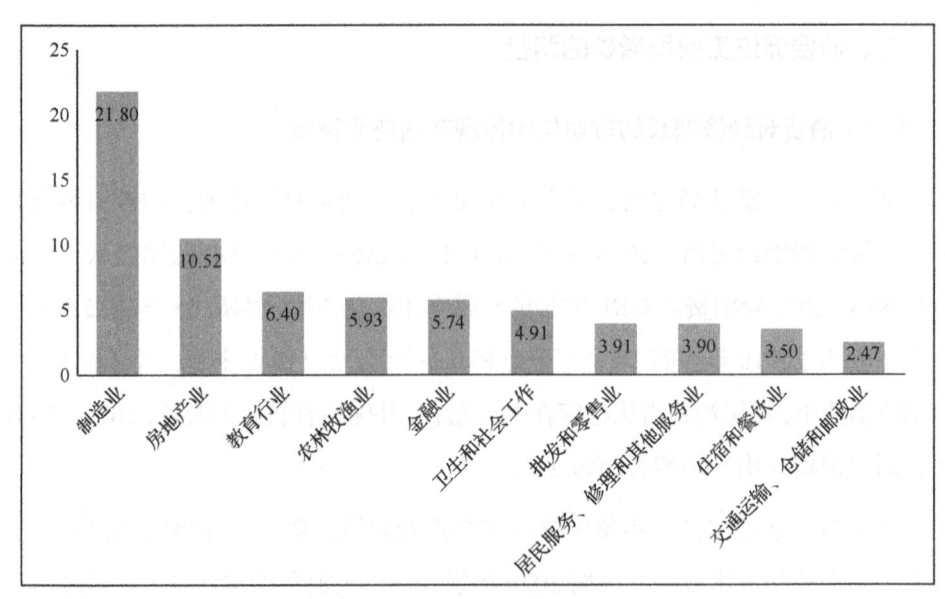

图 6-1 居民消费支出中各行业占比

资料来源：赛迪工经所测算，2023.01

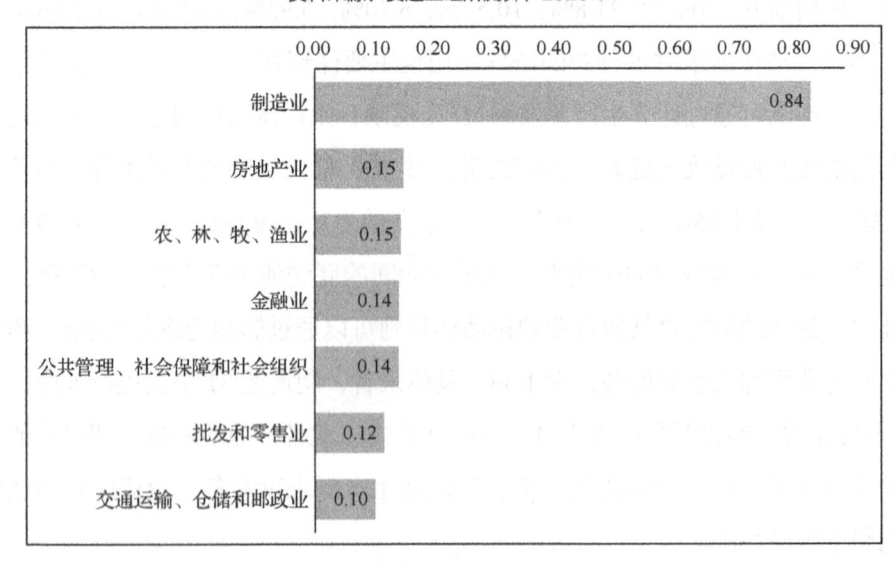

图 6-2 不同行业消费的生产诱发系数

资料来源：赛迪工经所测算，2023.01

（二）消费升级带动产业发展扩宽了工业增长的空间

对于消费升级的界定，学界并无统一标准，消费通常划分为生存型、发展型、享受型，将发展型和享受型占总消费的支出比例变化作为消费结构升级的表现。一般而言，当居民传统温饱问题解决后，以住房、汽车、旅游、通信等现代化消费需求就开始形成。

从我国实际情况来看，我国居民的恩格尔系数从 2000 年的 42.2%下降到 2021 年 29.8%，其中城镇居民恩格尔系数从 38.6%下降到 28.6%，农村居民恩格尔系数从 48.3%下降到 32.7%。在这二十年间，居民消费升级明显加快，从电视、冰箱、洗衣机到汽车、电脑、住房再到教育、养老、医疗、文化、旅游、体育等。

我国经济运行的历史轨迹表明，居民消费结构的升级转型推动了相关制造行业的发展，拓宽了产业发展的空间，是稳工业、稳经济运行的主要动力。消费需求升级首先会对材料、纺织、交通运输、电子通信等制造业形成较强的需求拉动，其后通过产业传导效应带动机械、化工、建材、原材料等行业发展。以汽车产业为例，2000 年以后，随着汽车消费逐渐兴起带动汽车产业的发展壮大，经过数十年的努力，我国建立了完整的汽车工业体系，中国汽车产销量已经连续 13 年世界第一。汽车消费引领的汽车工业对工业增长起到了巨大的推动作用。汽车产业链条长，涵盖能源、钢铁、机械、电子、玻璃、石化、橡胶等几乎所有工业领域。由于对上、下游产业链的拉动作用也很明显，统计显示，汽车制造业每增值 1 元，可带动上下游关联产业增值 2.64 元。近几年，随着新能源、智能化等购车新需求的出现，年轻消费群体对新技术、新产品接受程度高，加上完备产业体系的支撑，进一步推动着我国汽车产业的转型升级，新能源汽车产业进入规模化快速发展新阶段。2022 年，新能源汽车产销分别完成 705.8 万辆和 688.7 万辆，同比分别增长 96.9%和 93.4%，市场占有率达到 25.6%，出口 67.9 万辆，同比增长 1.2 倍[①]。在经济下行压力加大的情况下，汽车产业增长的良好态势，为稳工业经济大盘发挥了积极作用。

---

① 数据来源：中国汽车工业协会。

（三）产业升级与技术进步正在逐步填补消费需求的"质量缺口"和"多样化缺口"，给工业稳增长带来新的支撑

产业结构的优化升级可以填补消费需求的"质量缺口"，进而对工业稳增长形成支撑。我国经济从高速增长阶段进入高质量发展阶段，产业结构转型升级稳步迈向中高端，消费需求空间也在不断扩展。随着智能制造、绿色制造试点示范工程等政策的实施，生产制造数字化、智能化水平提高，智能电视、智能冰箱、智能机器人等产品层出不穷，有助于更好地满足消费者个性化和多样化需求，刺激消费增长；居民消费升级反过来又会引导相关资源在产业和企业间合理流动、优化配置，引领企业创新和产业合作，提升投资有效性，促进产业升级和消费升级的协同共进。产业升级中高端有助于供给性能更好，功能更优，服务更完备的新产品，推动消费、生产良性互动，实现更好水平的供需平衡，为稳增长提供有力支撑。

技术进步，尤其是互联网技术升级、数字技术以及人工智能技术等的不断发展，逐渐填补了消费者的"多样化缺口"，消费市场呈现出新的特征。新冠疫情暴发以后，在线消费对实体消费的替代提高，市场主体进一步推动线上线下消费融合发展，客观上推动了消费品市场转型升级，形成了新的稳增长点。一是，移动互联网普及率日益提高扩大了居民的消费空间，成为消费市场的重要增长点。2021 年全国网上零售额 13.1 万亿元，比 2012 年增长 9 倍。其中，实物商品网上零售额 10.8 万亿元，比上年增长 12%，占社会消费品零售总额的比重为 24.5%。二是，数字经济形态下的技术升级激发了消费活力，成为驱动经济增长的新引擎。随着 5G 技术的发展与应用，消费场景模式创新加快，平台直播带货、社区团购、云旅游等新模式不断发展。2021 年我国电子商务交易额达到了 42.30 万亿元，同比增加 9.6%，是 2012 年的 5 倍。人工智能、区块链等技术的应用还推动了远程医疗、在线教育等领域快速发展，满足消费者的多样化需求。

三、消费促进工业稳增长存在的问题

（一）消费环境存在不稳定、法治建设不健全等问题

新冠疫情以来，疫情防控形势复杂多变，消费环境受到一定影响。截至2022年11月底，国内本土疫情中高风险地区基本涉及几乎所有省、自治区、直辖市。尤其是2022年9月份以来，受迄今为止传播最为迅速的新冠疫情的影响，上海、北京、重庆、广州、深圳等主要消费城市陆续升级的防控措施，对消费造成了较大的冲击。2022年1—10月累计社会消费品总额，上海同比下降9.7%，其中，住宿餐饮业下降23.5%；北京同比下降4.8%；重庆同比下降1.3%。

消费领域新业态不断拓展，消费产品和消费服务形式多变，但相关机制建设并不完善。第一，《消费者权益保护法实施条例》多次列入国务院年度立法计划，但由于部分条款争议较大，至今仍未正式出台。如今，消费者权益保护覆盖面更广，这使得消费者权益保护可能难以落到实处，例如，电商促销中，存在"先涨价后打折"的促销陷阱；互联网平台和App过度手机消费者个人信息现象等。第二，消费者集体诉讼机制尚未完全建立，健身、美容美发、教育培训等行业预付消费领域经营者"跑路"现象频发，这类"小额多数"的消费者的权益保护机制尚不完善。第三，随着消费升级，消费基础设施和公共服务供给质量尚不完善。以新能源车为例，全国高速公路充电桩因生产标准不统一、充电接口不兼容、管护维修不到位，充电"僵尸桩"现象较为普遍，拉低了消费满意度。中国消费者协会对2021年"十一"假期期间开展的消费维权舆情监测数据显示，有关"交通"类负面信息70余万条，日均7.4万条左右。[①]

（二）人口结构变化、居民收入不足及不确定性增加制约了消费转型升级

人口结构变化开始影响整个社会的边际消费倾向。2021年我国居民平均消费倾向为68.61%，较2020年回升2.72个百分点，但仍显著低于疫情前水平（70%~72%）。2022年开始新中国成立后的第一波"婴儿潮"陆续达到退休年龄，

---

① 《中国消费者权益保护状况年度报告（2021）》。

在医疗、养老等消费发展不完善的情况下，老年人消费能力和消费倾向都会下降，整个社会的边际消费存在下滑倾向。

居民收入不足是制约消费复苏和升级的主要因素。一方面，就业不稳定导致居民收入不足。2020—2022年全国居民可支配收入年均增长4.4%，明显低于疫情前2013—2019年7.1%的年均实际增长率。在居民可支配收入中，工资性收入占55.9%，2022年数据显示，城镇失业率和31个大城镇调查失业率分别为5.8%、6.3%，仍处于近两年较高水平。就业不稳定导致居民收入信心、消费信心明显减弱。中国人民银行城镇储户问卷调查报告显示，2022年第四季度收入信心指数仅为44.4%，是近3年来最低。倾向于"更多消费"和"更多储蓄"的居民分别占比为22.8%和61.8%，分化严重。另一方面居民存在高债务压力，对消费增速形成显著抑制。2022年第三季度，居民部门杠杆率为62.4%，[①]高于2019年同期6.1个点。考虑到发展阶段和当前我国的人均GDP水平，居民杠杆率略微偏高，虽然低于发达国家75%的平均水平，但远远高于发展中国家50%的平均水平。过高的居民杠杆率，意味着中低收入群体的债务压力更加突出，长期会对消费产生挤出效应，抑制经济增长。

疫情的不确定性改变了居民对未来收入的预期，提高了居民预防性储蓄偏好，间接影响了消费能力。2022年前三季度金融统计数据报告，前三季度人民币存款增加22.77万亿元。其中，住户存款增加13.21万亿元。经计算，较2021年同期多增4.72万亿元。2022年第三季度城镇储户问卷调查报告，2020年第一季度"居民更多储蓄意愿"的占比从上一季度的45.7%上升到53%，后有所下降。2021年第一季度开始，居民更多储蓄意愿占比开始持续上升，2022年第二季度已上升至58.4%。居民"预防性储蓄"增长的同时，居民消费意愿也有所下降，倾向于"更多消费"的居民持续下滑，从2019年第四季度的28%，下降到2022年第三季度的22.8%（见图6-3）。

---

① 国家金融与发展实验室（NIFD）：《2022年三季度中国杠杆率报告》。

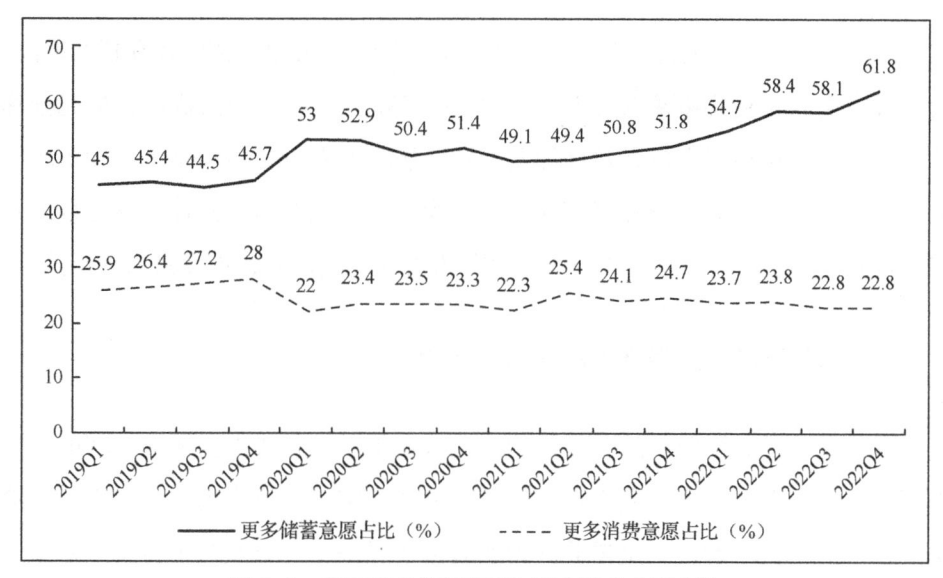

图 6-3　居民更多储蓄意愿和更多消费意愿占比

数据来源：中国人民银行调查统计司，赛迪智库，2022.11

（三）产品供给端存在技术瓶颈或技术尚未被充分利用制约消费空间的拓宽

家电、通信设备等产品并无亮眼的技术创新和技术更迭足以扩大需求，相应产业进入低迷期。近年来，随着手机市场经过前期高速增长后消费上升空间开始缩小。技术创新似乎也触及天花板，在外观、升级处理器、摄像头、屏幕等方面做创新看起来更像是厂商竞争的"内卷"。过去消费者 18 个月的换手机周期，也被拉长到 30 个月左右。2022 年上半年我国智能手机市场销售量约为 1.34 亿部，同比下降 16.9%，创下 2015 年以来最差的半年销量成绩。与此同时，2022 年上半年，手机产量 7.44 亿台，同比下降 2.7%，其中智能手机产量 5.76 亿台，同比下降 1.8%。在家电领域，尽管形成了以海尔、美的为代表的一批家电生产企业在家电领域的优势越来越明显，但与不断升级的绿色智能家电消费需求仍有差距。

数字技术和平台企业的优势尚未得到充分利用，制约消费潜力的提升。平台企业在发展过程中出现垄断、价格歧视、不良竞争等问题，尚未利用已有技术充分挖掘消费市场，消费潜力并未得到完全释放。例如，在广大农村地区，农产品上行的"第一公里"和消费品下行的"最后一公里"依旧存在损耗率高、物流成本高、企业主要聚焦于物流下游环节等问题[①]都制约消费潜力的充分释放。此外，伴随我国人口老龄化加剧，智能居家养老设备将迎来大规模市场需求，但当前我国智能居家养老产品种类较少、同质化严重、设计人性化程度不够、智能化程度不高，难以充分满足老年人群体现实需要，市场潜力仍待挖掘。

四、消费促进工业稳增长的长效机制探索

消费促进工业稳增长的长效机制的核心在于通过解决供需两端存在的结构性问题。短期看，仍旧需要以重点领域的消费为主，扩宽市场需求，以防止消费大幅下滑；长期看，一是需要大力发展数字经济，充分发挥平台公司作用；二是需要继续支持重要领域大宗消费品的消费增长；三是进一步提高供给质量；四是进行收入分配改革扩大中等收入群体，提高居民可支配收入，使居民"能消费"；五是保障和改善民生，提高居民边际消费倾向，营造敢于消费的环境和条件，让居民"敢消费"。

（一）充分发挥平台公司在扩大消费上作用

以数字经济的创新拓展消费空间，扩大消费需求。党的二十大报告提出，"加快发展数字经济，促进数字经济和实体经济深度融合"。近年来，数字经济发展不断向社会生活领域渗透，在数据技术、5G、人工智能等技术水平的支持下，给扩大消费创造了新的机遇与空间，消费领域的数字化和智能化进程加快。统计数据显示，2022年前三季度，社会消费品零售总额同比增长0.7%，但同期全国网上零售额同比增长4.0%，其中，实物商品网上零售额同比增长6.1%，占社会消费品零售总额的比重为25.7%。数字经济的发展推动消费资源向乡村流动，这不仅弥补了城乡消费差距，而且释放了农村居民消费需求。目前中国1300多个县已经实现了电子商务的全覆盖。快递网点在全国乡镇的覆盖率达98%，乡镇电商渠道和网购服务畅通，农村网上零售额从2014年的1800亿元增加到2021

---

① 《中国农村电商物流发展报告（2020）》。

年的 2.05 万亿元，增长了 10 余倍。①因此，需要进一步发展数字经济，通过数字技术构建并完善消费新业态、新模式拓宽消费渠道和消费领域，推动线上线下有机融合。一方面，通过大数据、互联网等技术促进商品使用价值的充分挖掘，并展开用户需求分析，引导消费者消费的消费链条，激发消费潜力；另一方面，建立供给侧和需求侧畅通的机制，推广各类新型商品和新型消费模式，并借助消费时间碎片化的特征，拓展线上消费路径。

充分发挥平台公司在扩大消费中的作用。平台构建了生产消费一体格局。平台经济从各个方面丰富了消费者可选择的产品和服务，延伸了消费空间。我国拥有世界级的平台公司，平台公司主要通过大数据、云计算、人工智能等技术，精准匹配供需，推动消费增长。由于平台公司具有双边市场性，在为供需双边提供服务的同时，具有探索更多的消费场景、创新消费模式、拓展消费维度的潜力，是进一步培育消费新增长点、扩大内需抓手。目前，平台经济资源配置效率低下，例如电商在供需对接方面存在短板，导致供需双方需要的承担较高的渠道成本。此外，平台经济存在资本无序竞争扩张的现象，极大地影响了平台经济的健康发展。因此，充分发挥平台公司在扩大消费方面的作用需要短期、长期政策相结合，扶持和监管并重。进一步规范化管理平台企业，反平台垄断；优化平台企业服务，降低小微企业在平台的交易成本等。②

（二）继续挖掘释放大宗商品消费潜力

短期看，仍旧需要扩大以汽车、家电等重点商品为主的优惠政策以稳住商品消费"大头"，重点立足于引导相关产业转型升级和居民消费升级有效结合，提高供需匹配水平。

以汽车消费为例，2021 年年末全国民用汽车保有量 30151 万辆，同比增长 7.35%，国内每千人汽车保有量约 200 辆③，同目前发达国家千人汽车保有量

---

① 《数字经济驱动消费生态升级》，《光明日报》（2022 年 07 月 14 日）。
② 《持续发挥平台经济促消费引擎作用》，《中国经济时报》（2022 年 6 月 28 日）。
③ 国家统计局：《中华人民共和国 2021 年国民经济和社会发展统计公报》。

500～900 辆的水平仍有较大差距①。在"双碳"目标背景下，新能源汽车是汽车行业未来发展的主旋律，国内汽车市场，尤其是新能源汽车仍有强劲的增长和上升空间。此外，随着销量高峰年份的乘用车即将迎来更换周期，将出现更新换购的巨大需求。中信证券研究部预测，到 2025 年左右，预计将有约 1350 万辆报废车辆，届时我国整体乘用车市场规模将达到 2872 万辆。因此，需要继续推动汽车消费，以带动相关消费链、产业链条发展。例如汽车购销政策可进一步优化；便利二手车交易；推动公共领域汽车电动化等。

以家电产品为例，在家电下乡和以旧换新等政策的推动下，家电消费形成了消费高峰。中国电子信息产业发展研究院《2021 年中国家电市场报告》显示，2021 年，我国家电市场全面复苏，零售规模达到 8811 亿元，同比增长 5.7%。其中，以县镇与农村地区为主的下沉家电市场规模达到 2775 亿元，同比增长 8.9%，增幅远高于整体市场，是目前家电消费的主要增量空间。"十四五"期间，我国智能家电产业智能化、绿色化、高端化转型趋势明显，随着绿色智能家电消费的不断升级，家电市场的下沉市场仍有可观的增长空间。可通过进一步优化绿色家电下乡政策，引导消费升级与产业升级同步发展。

（三）提升产品供给质量让居民愿意消费

从供给侧突破，创造新的消费点是拓展消费市场的突破口。以手机市场为例，2007 年 iPhone 引领的技术进步使得智能手机逐步进入大众消费领域。2007—2021 年我国市场上智能手机销售量从 2610.8 万部增长到 3.3 亿部，15 年增长了 12.7 倍。以手机、电脑、家电等为代表的日常消费品经过前期高速增长后消费上升空间缩小，只有通过根本性的技术进步和产品升级才能在消费端有所突破，改变销售增速边际下降的趋势。因此，消费市场的扩展需要从供给侧下功夫，从根本上破除制约供给创新的体制机制障碍。

---

① 世界银行 2019 年数据。美国（837）、澳大利亚（747）、意大利（695）、加拿大（670）、日本（591）、德国（589）、英国（579）和法国（569）居前八位次。

提高产品供给质量,增加中高端产品的有效供给,释放消费市场潜力。我国人均收入水平的提高,居民消费升级需求增加,对产品的品种、品质和品牌都提出了更高的要求。促进消费恢复,要顺应消费升级需要,加强产品创新,深入推进增品种、提品质、创品牌的"三品"行动,加快提升产品的健康功能、绿色化和智能化水平,促进扩大新能源汽车、绿色建材、绿色智能家电等大宗工业品消费。

要加快培育和发展新的消费增长点。例如,随着全民健身热潮的不断兴起,大众户外运动热情持续升温,需加快培育健身装备器材产业,推动各项体育用品的整体购买率;提高全民应急意识与能力,培育发展安全应急产业,带动应急产品和服务消费;积极应对人口老龄化,推动智能终端产品适老化改造,加快布局智慧健康养老产业,有效释放养老消费潜力。

(四)稳步提高收入增强居民消费能力

要扩大居民消费,首要的是加大国民收入分配向居民倾斜的力度,提高居民收入在国民收入分配中的比重。居民消费率=居民最终消费支出/GDP=(最终消费支出/可支配收入)×(可支配收入/GDP)。从国民收入流量循环来看,居民收入所占份额是决定消费率的关键。从居民消费需求的决定因素来看,个人可支配收入决定消费倾向的基础,收入水平决定着消费支付能力,人们只能在既定的可支配收入的基础上形成自己的消费支出。以 2020 年为例,我国居民初次分配收入占比为 62.04%,居民、企业和政府分配占比大致为 62∶26∶12;经过再次分配后居民可支配收入占比为 62.21%,仅提高了 0.17 个百分点居民,企业和政府分配占比大致为 62∶22∶15。而美国等发达经济体的收入分配格局中,居民、企业和政府初次分配格局与最终分配格局比例大致分别为 50∶40∶10 和 70∶20∶10。由此可见,在最终分配中,我国居民部分占比还较低。这意味着政府部门在最终分配中的调节力度还不足够,例如税收制度尚不完善等结构性问题。因此,要继续深化收入分配制度改革,优化经济结构与收入分配结构,实现收入与消费相互促进的良性循环。

要扩大居民消费,其次是稳定就业,扩大中等收入群体。由于疫情冲击的非对称性以及疫情后经济复苏的非对称性,中低收入群体的就业和收入等受到较大影响。促进消费复苏,最根本的还是要稳定居民收入预期,特别是稳定中低收入群体收入预期。要继续落实国家出台的各项稳就业举措,加强对灵活就业和新就业形态的支持,鼓励和支持通过创新创业来带动就业,针对重点群体强化精准就业帮扶措施,通过稳定就业来稳定收入预期。

要扩大居民消费,最后是缩小收入差距。收入分配差距扩大会抑制消费。2022 年中国人民银行城镇储户问卷调查报告显示,第二季度居民"更多储蓄意愿"比例已上升至 58.4%。居民预防性储蓄动机的各因素中,居民收入差距加大不容忽视。我国基尼系数在 2008 年后呈现波动下降态势,2020 年降至 0.468,但仍居高位,远高于美国、欧洲等主要发达经济体 0.3~0.4 的平均水平。收入差距大,意味着收入大多数集中在少数人中,而这部分人的消费有限,储蓄则会相应上升。

(五)继续完善社保体系让居民敢于消费

坚持房住不炒,努力构建和实施住房保障制度。我国居民可支配收入中大约只有 60%形成最终消费,资本形成和净金融投资占比约为 30%,数据显示自 1998 年以来,伴随住房制度改革和房价上涨,"资本形成"占可支配收入的比重由此前 10%左右大幅提升至 20%左右,住宅投资成为这段时期"资本形成"占比提高的主要原因。住宅投资占比较高对消费形成了一定的挤出。因此需要构建健康发展的房地产长效机制,继续坚持房住不炒,支持刚性和改善性合理住房需求。

改善医疗、养老、教育等社会保障制度,消除消费的后顾之忧。当前我国基本医疗、养老保险、义务教育等社会保障体系已经基本建立,但与实际需求相比还有较大差距。各省基础医疗设施仍不够完善,药品种类不够齐全,看病难的问题依旧存在;养老机构有效供给不足,在养老服务制度方面的投入相对较少。只有把医疗、养老、教育这些问题解决好,消费才有空间,才没有后顾之忧,消费才能在经济稳增长中发挥真正的作用。

第二节 扩大制造业有效投资的长效机制

改革开放以来，我国创造了经济高速增长的奇迹，政府主导下的投资驱动模式发挥了关键支撑作用。我国经济步入新常态以来，经济发展的内外部环境条件呈现新的变化，投资增速显著放缓，经济增速下行压力增大。立足于新发展阶段，我国应着力构建新型的基于内生动力的投资增长机制，发挥投资对经济增长和结构优化的关键作用。本节第一部分首先分析步入新常态以来我国投资增长趋势性变化的主要特点和原因，第二部分阐述新发展阶段扩大有效投资的总体思路，第三部分阐述扩大有效投资的主要领域。

一、我国经济步入新常态以来投资增速显著放缓

我国经济步入新常态以来，传统的外需动能和房地产投资等内需动能明显减弱，两项数据由过去多年保持 20% 以上的高增速，大幅下降到增速低于 10%（见图 6-4 和图 6-5）。产生这一趋势性变化的原因有两个，一方面是 2008—2009 年国际金融危机期间，西方主要发达经济体因大规模卷入美国房地产泡沫而发生"资产负债表衰退"，资本积累遭受重创，危机之后的经济长期低迷。在此背景下，我国传统的外需动能明显减弱，制造业投资扩张相应减缓；另一方面是在我国着力构建房地产市场平稳健康发展长效机制的背景下，炒房现象得到明显遏制，房地产开发投资的扩张速度明显放缓，上下游相关制造业的投资增长相应减速。在这一背景下，基础设施投资、第二产业投资和全社会固定资产投资增长大幅减速（见图 6-5 和图 6-6）。在新发展阶段，急需着力构建投资增长的新型的内生动力，推动投资实现长期的快速增长，进一步增强投资对扩大内需的关键作用。

二、新发展阶段扩大有效投资的总体思路

过去经济高速增长阶段主要是依靠要素驱动、资本扩张的发展模式，随

着外需和房地产投资动能的实质性减弱，必须寻求新型可持续的增长方式。新发展阶段的增长模式与经济高速增长阶段的本质不同在于，以科技创新为第一动力，创新动能是有效投资增长的内生动力，提高产业层次水平和资本质量是开拓投资增长空间的战略方向。未来，我国应着力强化创新动力，形成扩大有效投资的驱动机制。

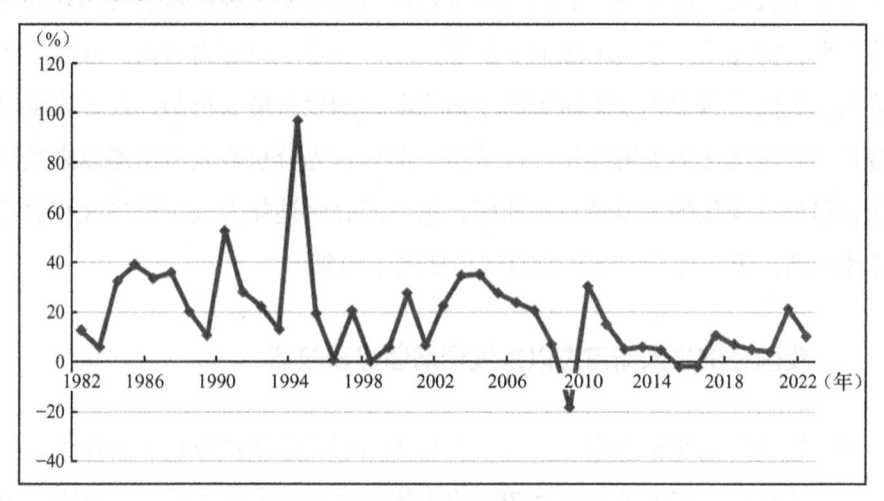

图 6-4　我国出口金额同比增速

数据来源：Wind，赛迪工经所整理，2023.01

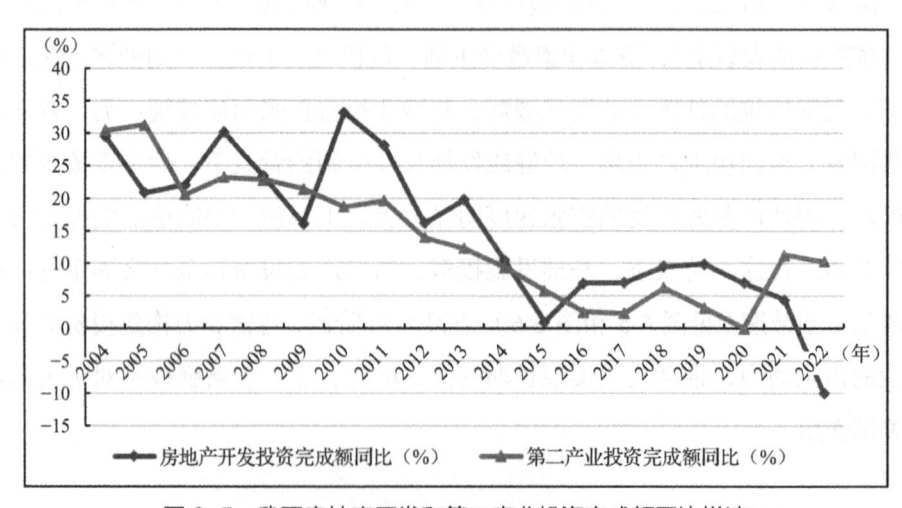

图 6-5　我国房地产开发和第二产业投资完成额同比增速

数据来源：Wind，赛迪工经所整理，2023.01

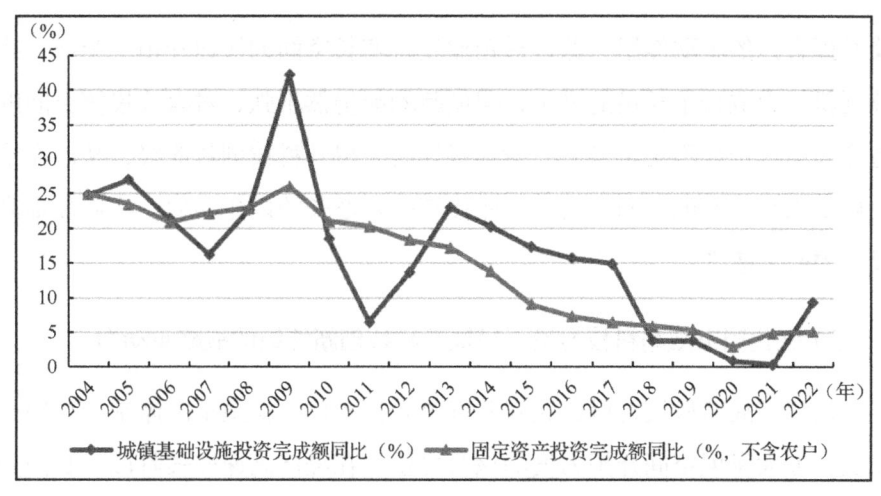

图 6-6　我国基础设施和固定资产投资完成额同比增速

数据来源：Wind，赛迪工经所整理，2023.01

（一）大力推动高新技术产业有效投资和传统产业技术改造投资，是扩大有效投资的战略方向

以高新技术研发为关键动力，推动高新技术产业投资发展以及全产业体系技术改造投资，是新发展阶段推动投资长期稳定较快增长的战略方向。我国的经济发展，已由规模扩张为主转向质量提升为主，发展质量提升的关键在于高技术和新技术的引领作用，我国应以创新驱动发展战略为根本支撑，着力推动新一代信息技术、高端装备制造、节能环保、新材料、新能源、生物医药、新能源汽车等战略性新兴产业，以及电子信息制造、航空航天、仪器仪表制造、医疗器械制造等高技术制造业的投资发展，并以高技术和新技术产业发展推动传统产业技术改造投资，在资本升级的发展方向上不断扩大有效投资。

（二）提升科技创新能级是加大有效投资空间开拓力度，提升投资增长速度的战略要点

大力提升科技创新能级，保持科技创新成果对有效投资空间的开拓力度，是新发展阶段投资实现稳定快速增长的战略要点。在经济高速增长阶段，我国全社会固定资产投资实现长期高速增长的关键在于，政府主导的基础设施投资持续发挥有力的驱动作用,保持对企业投资增长空间的快速开拓。当前,我国科技创新能力取得了长足的进步,但创新动能仍然不强,对有效投资空间的开拓力度和速度仍显不足。未来,我国必须着力提升科技创新能级,从而在推动产业层次水平上升的方向上增强有效投资需求增长的内生动力,实质性提高有效投资的增长速度。

（三）强化国家战略科技力量,是提升科技创新能级的战略驱动力

强化国家战略科技力量,完善关键核心技术攻关新型举国体制,是提升创新能级,加大发展空间开拓力度的核心力量。在经济高速增长阶段,我国充分发挥了"集中力量办大事"的制度优势,政府主导的基础设施投资发挥了关键驱动作用,为企业投资和发展奠定了交通、通信、水热电气等基础设施条件,驱动了国内外企业项目投资。在经济高质量发展阶段,政府的关键作用主要体现在对创新驱动发展的战略指引和战略组织。由于工业化发展时间相对较短,我国在科技创新资源、科技成果积累及科技创新能力方面,与发达国家有较大差距,仅依靠企业自主创新发展不具备赶超优势,必须以政府战略引导和战略组织下的创新资源聚合,形成科技创新优势。通过强化国家战略科技力量提升创新能级,是我国"集中力量办大事"的制度优势在新发展阶段的重要体现。

三、扩大有效投资的主要领域

新发展阶段我国扩大有效投资的主要领域包括：一是传统基础设施"补短板"和新型基础设施建设；二是以新区、开发区高质量建设发展为引领的新型城镇化；三是以高新技术产业发展驱动的传统产业技术改造投资。

（一）基础设施投资

基础设施投资是经济社会发展的先导性条件,既是拉动投资需求增长的重要支撑,又是改善民生、强化经济发展基础、驱动产业发展的关键途径。当前,我国人均基础设施存量相当于发达国家的 20%～30%,大力推进传统基础设施"补短板",是扩大有效投资的重要举措。近几年来,地方政府专项债券发行规

模显著增加，在支持基础设施建设和扩大总需求方面发挥了关键作用，2022年地方政府专项债券新增债券发行额超过4万亿元。基础设施领域REITs（不动产投资信托基金）是撬动民间资本、促进民间投资积极性的重要融资工具，2021年6月，首批基础设施REITs项目正式上市，与此同时，保障性租赁住房、清洁能源项目等被纳入基础设施REITs发行范围，市场实现扩容。这一投融资模式，有助于促进基础设施投资资金来源多元化、撬动社会资本，为基础设施领域的长期大力发展提供资金支撑。

1. 传统基础设施"补短板"

"要致富，先修路"，这句话体现了交通基础设施对经济发展的基础性、先导性、战略性作用。当前，我国西部地区和农村地区交通基础设施仍较为落后，成为制约经济发展的重要因素。要改变西部地区产业发展落后的现状，首先要打通交通这一关键枢纽，显著减少因交通不便对人才、资本、货物、信息等资源流动造成的制约，大幅提升承接产业转移的环境条件，提升两部地区产业资源吸引力，实现地区发展突破。交通设施同样是实现城乡协调发展的重要基础，2022年8月，交通运输部等六部门联合发布了《农村公路扩投资稳就业更好服务乡村振兴实施方案》，计划提前实施一批具备条件的"十四五"规划项目，新增完成新改建农村公路3万公里，实施农村公路安全生命防护工程3万公里，改造农村公路危桥3000座，力争新增完成投资约1000亿元。

水利基础设施是民生领域补短板的重要工程。2022年，我国水利基础设施建设投资完成额超过8000亿元，在进一步有效提高农村人口供水保障能力、农田灌溉能力、粮食生产能力和节水能力中发挥了关键作用。水利部、财政部、国家乡村振兴局2022年联合印发了《关于支持巩固拓展农村供水脱贫攻坚成果的通知》，将长期推进农村供水工程建设作为支持乡村振兴的重要举措。截至2021年年底，我国农村自来水普及率达84%，未来需着重补齐部分区域的水利设施发展短板。

在能源领域，围绕"能源网"开展基础设施补短板，是重要的战略方向。

西部等地区要以电网、核电、煤电、风电、光伏发电、生物质发电、水电、油气管网、充电桩和综合供能服务站等建设为重点，统筹推进电源、输配电、油气管道、充电设施四大类重大项目建设。

环境基础设施是打好污染防治攻坚战的重要保障条件，当前阶段在一些地区，城镇污水处置、生活垃圾收集等设施的发展较为滞后。国务院办公厅转发国家发展改革委等部门《关于加快推进城镇环境基础设施建设的指导意见》（国办函〔2022〕7号）要求：健全污水收集处理及资源化利用设施，逐步提升生活垃圾分类和处理能力，持续推进固体废物处置设施建设，强化提升危险废物、医疗废物处置能力。

2．新型基础设施建设

5G基站是实现数字化发展的新型网络通信基础设施，是实时数据高速传输和实时存储的关键基础。我国当前已建成全球规模最大的5G网络，5G基站总量占全球60%以上。根据《"十四五"信息通信行业发展规划》，"十四五"期间我国将力争建成全球规模最大的5G独立组网网络，力争实现每万人拥有的5G基站数达到26个，城市和乡镇全面覆盖、建制村基本覆盖、重点应用场景深度覆盖。根据中国信息通信研究院预测，到2025年我国5G网络建设投资将累计达1.2万亿元。

大数据中心是对实时采集的数据进行传输、存储、集成、共享和计算的大规模计算机系统组成的新型基础设施。目前，我国各地区都在加速布局大数据中心，涉及的范围领域广泛，如新能源汽车大数据中心、国土资源大数据中心、长江经济带大数据中心、健康医疗大数据中心、能源大数据中心、渔业大数据中心、工商大数据中心等。大数据技术应用的范围和场景将步入全方位深度开发的进程，大数据中心建设是扩大有效投资的重要领域。

物联网新型基础设施的主要功能是感知外界情况并进行信息采集、处理和传输，主要包括传感器、物联网芯片和物联网感知终端等。传感器用于感知外界情况的变化并采集信息数据，物联网感知终端将传感器采集的数据进行处理，并通过网络接口传输到互联网中。工信部等八部门印发了《物联网新型基础设施建设三年行动计划（2021—2023 年）》，2023 年底要在国内主要城市初步建成物联网新型基础设施。在产业数字化转型进程中，物联网基础设施投资具有长期增长潜力。

工业互联网平台是基于工业机理模型、人工智能算法和云计算技术对实时采集的工业生产、运营数据进行实时分析优化决策的新型基础设施。《国务院关于深化"互联网+先进制造业"发展工业互联网的指导意见》中要求："到本世纪中叶，工业互联网网络基础设施全面支撑经济社会发展，工业互联网创新发展能力、技术产业体系以及融合应用等全面达到国际先进水平，综合实力进入世界前列。"

新能源汽车充电桩、换电站是新能源汽车配套的基础设施，目前，与我国新能源汽车产业的高速发展相比，相应的充电基础设施数量和覆盖程度不足问题较为突出，全国各地正在加快相关布局。交通运输部、国家能源局、国家电网公司、南方电网公司联合印发《加快推进公路沿线充电基础设施建设行动方案》（交公路发〔2022〕80 号），要求到 2025 年底前，高速公路和普通国省干线公路服务区（站）充电基础设施进一步加密优化，农村公路沿线有效覆盖，基本形成"固定设施为主体，移动设施为补充，重要节点全覆盖，运行维护服务好，群众出行有保障"的公路沿线充电基础设施网络。

（二）新型城镇化

城镇化是农村人口向城镇转移、产业结构由以农业为主转变为以第二产业和第三产业为主的经济发展进程。1949 年年底，我国常住人口城镇化率仅为 10.64%，2022 年年底，我国常住人口城镇化率已经提高到 65.2%，70 多年间城镇化水平实现了大幅提升。过去的城镇化对产业支撑重视不够，因此人口城镇化速度低于地理空间的城镇化速度。新型城镇化更加注重产业和城市融合发展：以大力推动新开发片区产业的高质量发展，实现更好地促进农村人口在城镇就业；以居住、教育、文化、消费、娱乐等社会生活领域全方位的配套设施建设，构建以人为本、宜居宜业的城市环境。

1. 新区和开发区建设投资

新型城镇化进程中,投资发展空间广阔,国家级新区、国家级高新区和国家级经开区是我国新型城镇化的前沿阵地,近些年来实现了快速发展,经济规模和发展空间在国家经济体系中居于十分重要的地位,未来投资发展潜力巨大。

2021年,国家级经开区实现地区生产总值12.8万亿元,占GDP比重为11%;实现进出口总额8.9万亿元,占全国比重为22.8%,其中高新技术产品进出口额3万亿元,占全国比重为25.4%;实际使用外资金额381.6亿美元,占全国比重为22%,实际使用外资和外商投资企业再投资金额同比增长14%。

目前,国家高新区聚集了84%的国家重点实验室、78%的国家技术创新中心、56%的国家科技企业孵化器和43%的国家备案众创空间。2021年,国家高新区生产总值占GDP比重为13.4%,研发经费投入占全国企业研发经费投入的48.2%。

2. 战略性新兴产业的投资发展

以新区、高新区和开发区为代表的新型城镇化,是我国新型工业化的重要载体,是战略性新兴产业的主要承载空间。近年来,我国战略性新兴产业呈高速发展态势,是未来长期产业投资和经济增长的重要支撑。

节能环保产业包括六大领域:节能技术和装备、高效节能产品、节能服务产业、先进环保技术和装备、环保产品、环保服务。我国节能环保产业近些年来快速发展,根据国家发展改革委公布的数据,"十三五"期间,我国节能环保产业产值由2015年的4.5万亿元增长到2020年的7.5万亿元左右。根据前瞻产业研究院预测,2027年我国节能环保产业产值有望超过19万亿元。从细分行业来看,根据中国节能协会节能服务产业委员会(EMCA)数据,2020年我国节能服务产业总产值为5917亿元,同比增长13.3%;根据《中国环保产业发展状况报告(2020)》,2019年全国环保产业营业收入约17800亿元,同比增长约11.3%。

新能源产业包括风能、水力、核能、光伏、生物质能、地热能和氢能等行业领域。从新能源产业近年来的增长情况和未来发展趋势来看，2021年全国累计并网风电装机容量为3.28亿千瓦，同比增长17.3%，海上风电累计并网装机容量为2639万千瓦，同比增长193.6%；2021年，我国核电电源工程投资额为538亿元，同比增长42.33%；光伏发电装机容量有望持续快速增长，根据中国光伏行业协会预测，2025年我国新增光伏装机容量将达到90GW～110GW。

新能源汽车包括纯电动汽车、增程式电动汽车、混合动力汽车、燃料电池电动汽车、氢发动机汽车等类型。近年来，我国新能源汽车产业呈高速发展态势，对稳定工业经济增长起到了重要作用。根据中国汽车工业协会数据，2022年我国新能源汽车产销分别完成705.8万辆[①]和688.7万辆，同比分别增长96.9%和93.4%。其中，新能源乘用车产销分别完成671.6万辆和654.9万辆，同比分别增长97.77%和94.26%；新能源汽车出口67.9万辆，同比增长1.2倍。

新一代信息技术产业包括5G、人工智能、大数据、云计算、物联网、区块链、集成电路等行业领域。近年来，我国新一代信息技术产业的市场规模呈高速增长态势，根据火石创造产业研究院数据，人工智能产业2021年融资总额为4130.27亿元，同比增长26%，是数字经济核心产业中项目投融资增长最快的产业之一；根据中国半导体行业协会统计数据，2021年我国集成电路产业销售额为10458.3亿元，同比增长18.2%。

高端装备制造业主要包括航空、航天、船舶、轨道交通、汽车、电力等领域的装备制造。2018年我国智能制造装备市场规模超过1.51万亿元，2020年市场规模超过2万亿元，根据中商产业研究院数据，2022年市场规模达到2.68万亿元；根据企查查数据，2020年和2021年，我国智能制造装备行业新增注册企业数量同比分别增长118.2%和74.7%，呈现飞速发展态势。

新材料主要包括复合新材料、超导材料、能源材料、智能材料、磁性材料、纳米材料等。我国新材料产业市场规模由2016年的2.3万亿元增长到2019年的4.5万亿元，根据中商产业研究院发布的数据，2022年我国新材料产业市场规模达到8万亿元，保持高速增长。从产业投融资来看，根据第三方咨询机构IT桔

---

① 根据国家统计局发布的统计公报，2022年我国新能源汽车产量为700.3万辆，同比增长90.5%。

子的相关数据,2021年我国新材料产业投资数量共204起,同比增长15.3%,投资金额为434.18亿元;根据企查查相关数据,2017—2021年我国新材料行业新增企业注册量由8.33万家增长到29.85万家,年均复合增长率为37.6%。

生物医药产业包括重组蛋白药物、单克隆抗体药物、血液制品、诊断试剂和疫苗五大类。根据第三方机构弗若斯特沙利文发布的数据,2021年我国医药市场规模约15912亿元,2023年我国医药市场规模预计达到17977亿元。国家药品集中带量采购政策要求仿制药质量和疗效与原研药保持一致,以推进原研药的国产替代,未来市场空间广阔。

3. 科技产业的投资发展

国家高新区是创新驱动发展的主要承载地,2021年,国家高新区聚集了全国84%的国家重点实验室、78%的国家技术创新中心,汇集了全国半数的孵化器、众创空间,集聚了2万余家各类研究院所、企业技术中心、新型研发机构和博士后工作站等平台。截至2020年底,国家高新区总数为169家,根据《"十四五"国家高新技术产业开发区发展规划》,"十四五"末,国家高新区数量达到220家左右。未来长期,打造科学城、科技园区等创新策源载体,是大力推动科技创新成果产业化,驱动经济加速增长的关键力量,科技产业未来长期的投资发展空间广阔。大科学装置等重大科技基础设施,以及科技成果中试工程化服务平台等提高科技创新成果产业化效率的基础设施,是科技基础设施领域未来投资发展的重要领域。

(三)全产业体系技术改造投资

1. 高端化技术改造投资

第一个方面是产品高端化改造。聚焦战略性新兴产业,推动产品升级技术改造。推动实施"三品"战略,开发中高档新产品,研发自主知识产权和具有核心竞争力的优质产品、名牌产品。推动检验检测手段提升改造。第二个方面是工艺和装备的技术改造。主要包括新工艺、新流程、新材料和先进制造装备和大型成套技术装备改造。大力推动重点传统产业集群在工艺和装备领域的改造升级。支持企业实施安全生产改造。

2. 数字化转型技术改造投资

根据《"十四五"信息化和工业化深度融合发展规划》，数字化转型的重点行业是钢铁、石化化工、煤炭、航空航天、船舶、汽车、工程机械、家电和电子等行业，要解决的主要问题包括设备维护效率低、产业链上下游协同水平不高、安全生产压力大等问题。要推动炼铁高炉、工业锅炉、石化化工设备、柴油发动机、大中型电机、大型空压机、风电设备、光伏设备、工程机械、数控机床等重点工业设备上云。

与此同时，农业、工业、建筑业和服务业等产业领域正在加快配置智能装备设备，主要投资领域包括：大型智能农业机械、工业级无人机、工业机器人、数控机床、智能仪器仪表、3D打印机、VR协作系统、大型智能施工机械、仓库智能配货机器人、智能船舶、无人驾驶物流车、VR服务消费设备、智能医疗器械设备、智能教学设备、无人零售智能设备等。

3. 绿色化转型技术改造投资

根据工业和信息化部印发的《国家工业和信息化领域节能技术装备推荐目录（2022年版）》，工业和信息化领域节能技术改造主要包括以下领域：一是钢铁、有色、建材、石化化工、机械、轻工、电子、可再生能源高效利用、重点用能设备及系统以及煤炭、天然气等化石能源清洁高效利用等工业领域节能提效技术改造。二是数据中心、通信网络和数字化绿色化协同转型等信息化领域节能提效技术改造。三是电动机、变压器、工业锅炉、风机、压缩机、泵、塑料机械和内燃机等高效节能装备改造。

我国环保设备行业在大气污染防治设备、水污染治理设备和固体废物处理设备三大领域已形成一定规模，2017—2020年我国环保设备市场规模由3438.1亿元增长至3789.4亿元，根据中商产业研究院预测，2023年我国环保设备市场规模可达4146.6亿元。环保装备改造的主要领域包括：环境水质监测、污染源监测、水利水务监测、供水管网监测、海洋监测及水质应急监测等水质监测领域，以及大气污染源监测和环境空气监测等大气环境监测领域。

第三节　增强出口竞争优势的长效机制

随着全球经济一体化快速发展，各国深刻认识到，只有扩大高水平对外开放，充分利用国内外市场和要素资源，才能最大限度地实现资源优化配置，促进货物、技术、服务深度融合，助力经济稳增长。党的二十大报告提出，"推进高水平对外开放，稳步扩大规则、规制、管理、标准等制度型开放，加快建设贸易强国。"出口一直是我国经济发展的重要基础，尤其是在国际经贸环境更趋复杂严峻、超预期因素扰动等背景下，稳外贸已成为我国工业稳增长的重要支撑。但我国出口增长背后仍存在海外需求走弱、产业恢复不稳、成本优势削弱、出口高端化品牌化不足等问题。因此，要加快构建扩大出口需求的长效机制，将扩大内需与稳定扩大外需相结合，助推工业稳增长。

一、出口对工业稳增长具有重要意义

出口是拉动经济增长的重要动力，从"量"上看，工业总产出中用于出口使用的比重较高，出口形势变化能够很大程度上影响工业生产。从"质"上看，出口产品结构优化带动国内产业升级，促进工业高质量发展，出口需求与国内需求的协调拉动，能够有效推动形成双循环新发展格局。具体表现在以下四个方面：

（一）出口使用在工业总产出中占据重要地位，出口形势变化很大程度上影响工业产出水平

2022 年前三季度，货物和服务净出口对 GDP 增长的贡献率为 32%，而最终消费支出和资本形成总额的贡献率分别为 41.3%和 26.7%。如图 6-7 所示，从工业领域看，根据投入产出分析，我国 25 个工业行业总产出中，用于出口使用的占比为 11.8%，中间使用占比 72.7%，用于消费和固定资本形成使用的分别占比

9.7%和5.8%。可以看出，除中间使用外，出口是拉动我国工业生产的重要动力。具体看，我国工业行业的总产出中，出口使用占比高于10%的行业有11个，其增加值占全部工业的31.5%，很大程度上能够反映工业经济总体运行态势。其中，通信设备、计算机和其他电子设备制造业的出口使用占行业总产出的比重最高，为35.8%；纺织品及纺织服装、电气机械和器材、仪器仪表制造业出口使用占比在20%~30%；通用设备、木材加工和家具、造纸和文教体育用品、专用设备、金属制品业出口使用占比在10%~20%，出口形势变化直接影响这些行业的增长动力。此外，其他行业虽然出口在总产出中占比不高，但由于产业链上下游传导作用，出口形势变化能够很大程度上影响工业经济增长态势。

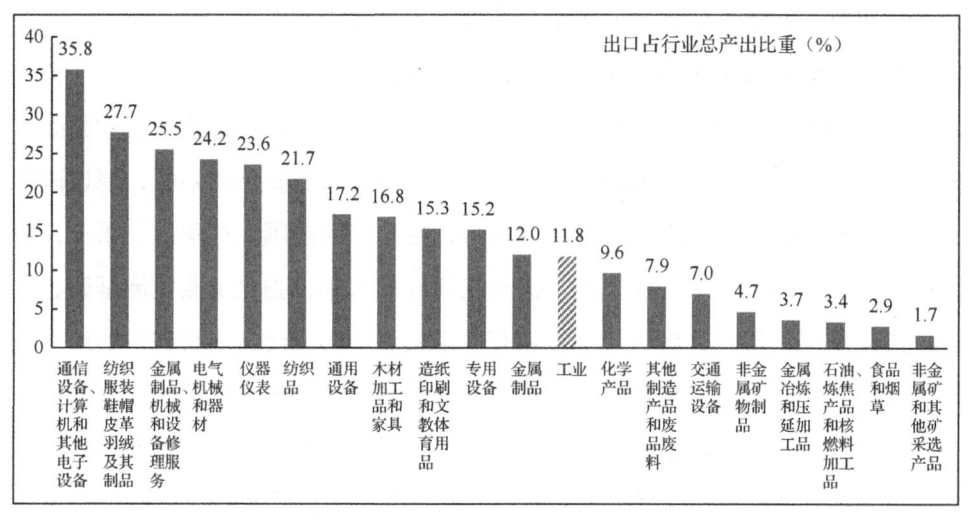

图6-7 基于投入产出分析的工业行业出口使用占总产出比重

数据来源：2020年非竞争投入产出表，赛迪工经所整理，2023.01

（二）出口产品结构优化带动国内产业升级，推动工业经济提质增效

在国内国际双循环新发展格局下，出口产品结构调整和产业结构优化协调联动是工业增长的基础，其联动效应表现为：产业结构优化为贸易结构调整提供支撑，能够对出口产品结构调整产生明显的正向促进作用；贸易结构优化会倒逼国内产业结构升级，二者之间形成紧密的长期联动关系。伴随国际市场需求加速升级、产品技术创新持续突破，各国更加重视高品质、多品类、有品牌

的商品贸易，倒逼我国进行产业结构优化升级，以更快、更好地适应国际市场需求变化形势，在此背景下，贸易结构调整对产业结构升级的反哺作用更加明显。如陈福中等认为20国集团（G20）成员之间工业产业结构演进与出口贸易结构之间存在一定关系，商品贸易结构对工业产业结构演进具有明显的促进作用，贸易逆差较大的国家贸易结构对工业产业结构演进的影响作用更大。

（三）出口贸易发展带动工业高质量发展，促进新型工业化进程

我国已由改革开放初期初级产品出口与工业制成品出口并重的贸易小国，发展成为一个工业制成品出口占90%以上的贸易大国。出口贸易发展是推动产业结构调整，推动工业化发展的重要动力，主要体现在以下方面：第一，出口贸易发展能够刺激工业生产效率提升，由于面向较为开放的国内外市场，激烈的竞争倒逼企业加快技术更新改造，提高产品质量，进而提升整个工业的生产效率。第二，出口贸易发展能帮助发展中国家克服市场狭小的限制，通过国际交换的途径获取比较优势或规模经济优势，提高产品的国际竞争力。第三，出口规模扩大有利于增加就业机会，提高人均收入水平，强化工业发展基础，促进工业化进程。第四，出口贸易发展有利于发展中国家建立更有效率的产业结构，比如新加坡借助贸易政策的稳步实施，推动产业结构由依赖转口贸易的单一经济结构，转变为以制造业为中心，商业贸易、交通运输、金融旅游与国际服务业全面发展的多元经济结构，助推其成为新型工业化国家。

（四）出口需求与国内需求协调拉动，有效推动双循环新发展格局形成

近年来，国际政治经济环境发生重大变化，尤其是在新冠疫情影响下，全球产业链供应链区域化、本土化、短链化趋势更加明显，全球贸易面临的挑战进一步增加。在此背景下，许多国家越来越重视对外贸易与本国经济在更大程度上的融合，将双循环重心由国际向国内转变。由于各国市场规模的差异、资源禀赋的不同、发展水平的差距、贸易政策和实施战略的不同，对外贸易对经济增长的促进作用也有所不同。即使同一国家在不同时期由于贸易政策和发展阶段所面临的环境不同，也会使对外贸易对经济增长的促进作用发生变化。面对当前形势，我

国提出构建国内循环为主、国内国际互促双循环新格局，充分利用对外贸易的"乘数效应"，发挥国内超大规模市场优势与内需潜力，全面加大科技创新和进口替代力度，促使进口替代行业迅速成长为具有国际优势的出口产业。

二、我国出口增长背后存在的主要问题

（一）全球经济衰退风险加剧，海外市场需求明显走弱

2012年至今，国际贸易环境收紧，我国出口增速下滑，但仍具有较大增长潜力。国际金融危机发生以来，全球经济贸易低迷，贸易保护主义抬头，英国脱欧、美国退出TPP等事件进一步加大国际贸易环境的不确定性，经济贸易全球化浪潮受到阻碍。尤其是2020年以来，新冠疫情暴发、俄乌冲突加剧、贸易摩擦持续、美联储加息外溢效应持续显现，给全球经济贸易带来更大压力，全球经济衰退风险加大。联合国2023年1月份预测，由于俄乌冲突引发的粮食和能源危机、新冠疫情持续影响、居高不下的通胀和气候紧急状况，2023年全球经济增速将大幅降至1.9%。制造业呈现下行态势，2022年12月份，全球制造业PMI为48.6%，连续七个月下降，处于2020年7月份以来的最低水平，反映全球制造业下行态势明显。其中，美国制造业PMI连续下滑，2023年1月份降至46.7%，为2011年有数据以来的最低水平（除2020年4月新冠疫情以外）；欧元区制造业PMI从7月份开始低于荣枯线，1月份降至48.8%。美国和欧元区是我国两个主要的出口目的地，这些国家和地区制造业景气下行，我国海外市场需求大幅走弱。

全球经济增长放缓将对国际市场需求形成收缩效应，外需对我国出口增速的支撑作用恐将减弱，并产生一系列连锁反应。首先，外需不景气可能会导致市场预期进一步转弱，影响企业投资和生产信心；其次，在服务业受制于新冠疫情反复影响而持续低迷的背景下，出口下滑将加大就业压力，进而影响居民收入增长和消费恢复，削弱我国经济恢复的基础。如图6-8所示，2022年12月份，我国PMI新出口订单指数为44.2%，较上月下降2.5个百分点，除2020年上半年以外，该指数上一次低于45%是在2009年。可以看出，制造业企业出口订单需求已收缩至历史相对低位水平。尤其是小企业PMI新出口订单指数呈现

较大幅度波动下行态势。此外，全球疫情持续反复叠加贸易摩擦等影响，我国工业企业生产恢复不稳定，对我国工业品生产和出口造成较大不利影响。

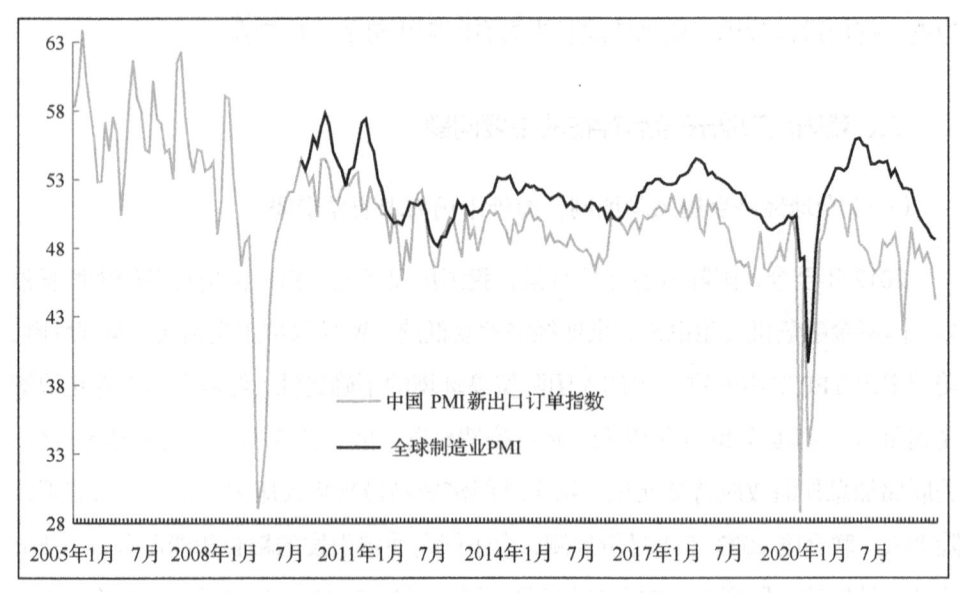

图 6-8 我国 PMI 出口新订单指数与全球制造业 PMI

数据来源：国家统计局、全球摩根大通，赛迪工经所整理，2023.01

专栏 6-1　我国出口贸易增长的十年变迁

2012—2020 年，我国出口贸易规模整体上呈增长态势，仅在个别年份出现负增长。出口总额由 2012 年的 20487.14 亿美元增加到 2020 年的 25906.46 亿美元，货物出口贸易额占全球出口额的比重增加至 14.7%，保持在全球首位。伴随内需加快发展，出口贸易对国内经济增长的贡献率下降，2020 年出口额占 GDP 的比重为 17.7%。

2020 年以来，我国出口增长大致可分为三个阶段：

一是 2020 年 3 月到 2021 年上半年：出口商品数量增加带动的出口额增长。国内疫情逐步得到控制，工业产能逐步恢复，但同时海外疫情蔓延，医药、口罩、防护服等防疫用品需求迅速扩大，我国防疫物资出口快速增长。欧美等国家和地区为保障民生，实施大规模财政货币政策，一定程度上带动全球总需求恢复，拉动我国出口较快增长。

二是 2021 年下半年到 2022 年上半年：出口商品价格上涨带动的出口额增长。受前期全球货币超发的滞后效应和俄乌冲突升级带来的供给冲击等因素叠加影响，全球通胀愈演愈烈，欧美近期通胀水平屡创历史新高。在这一阶段，我国出口金额保持快速增长态势，拉动力由"量"的因素转变为"价"的因素，出口商品数量因主要国家经济放缓已经开始呈现回落态势，但全球通胀快速上行推升出口商品价格，整体来看，价格对出口的拉升作用大于出口数量下降对出口金额的拖累，我国出口金额仍保持较快增长。

三是 2022 年三季度至今：出口数量下行对出口额的影响更加明显。为抑制通胀，多个国家加大力度实施货币紧缩政策，进一步加速全球经济衰退，2022 年三季度全球消费投资等需求均达到年内低点。这一阶段我国出口数量下行更加突出，其对出口金额的拖累开始反超出口价格对出口金额的拉升。因此，2022 年我国出口金额整体呈现下行态势，10 月转为负增长，同比下滑 0.2%。未来一段时间，全球经济下行压力加大，欧美经济衰退风险加剧，我国对欧美出口占我国总出口的 1/3 左右，我国出口可能会面临较大制约。

（二）全球产业链供应链区域化、本土化趋势凸显，我国产业链和外贸出口恢复不稳

在新冠疫情的持续冲击下，维护供应链安全已成为主要发达经济体的共识。主要发达经济体对产业链供应链的关注重心从"效率"转向"安全"，将经贸规则关注点聚焦于区域层面，积极引导产业回流和分散化布局，进一步加速了全球产业链向短链化、区域化、本地化等方向调整。根据测算，2000—2012 年，区域内的国际商品贸易占全球总贸易的比重从 51%下降到 45%[1]。但近年来，区域内贸易规模加速扩大，2021 年，欧盟内部贸易占全球贸易总额的 70%以上；亚洲内部贸易占全球贸易总额的 58%，是 1990 年以来的最高份额[2]；北美区域内贸易额占其总贸易额的比重从 2011 年的 21.0%上升至 2019 年的 28.0%。一旦全球产业链向一些国家意欲引领的方向变化，尤其是向本土化方向调整，不仅

---

[1] 2022 年 10 月，中国人民银行金融研究所发表《全球产业链面临重构，中国如何力避"断链"与"脱钩"》。
[2] 2022 年 1 月 10 日，中国商务部原部长陈德铭在清华大学服务经济与数字治理年会上发布演讲。

会对我国的产业链供应链安全稳定运行带来较大挑战，而且还存在将中国排除在全球价值链分工体系之外的风险。

全球产业链供应链区域化本土化演变趋势，将给我国产业发展带来三个方面的挑战，进而冲击我国工业品出口。一是本土化演变趋势下产业回流一定程度上会动摇我国产业发展之基，二是区域化演变趋势下技术之争上会抑制我国产业发展之速，三是多元化演变趋势下布局调整会弱化我国产业发展之力。我国具有出口竞争优势的产品，比如电器音像、机械零件等机电产品，在生产过程中需进口大量中间品，呈现高出口额、高嵌入度和高脆弱性并存的特点。如果一些国家对我国实施出口限制、关税壁垒、技术压制等措施，我国相关产业链的稳定性和出口贸易将受到冲击。如美国 2022 年提出《芯片与科学法案》和《通胀削减法案》等，试图通过提供大量补贴吸引制造业尤其是芯片和汽车产业回迁，使我国芯片等行业的出口生产受阻。经估算，美国产业链回流后就业人数每增加 1%，我国制造业对美出口下降约 1.6%[①]，供应链的本土化和逆全球化趋势对出口形成一定负面影响。

（三）我国要素成本持续较快上涨，出口的国际竞争力减弱

20 世纪 80 年代开始，我国人口红利吸引各国大量跨国企业投资，一大批劳动密集型产业纷纷向中国转移，我国逐渐形成劳动密集型产业优势。21 世纪以来，我国老龄化问题日渐突出，劳动年龄人口增速放缓，劳动力成本上涨。2001—2011 年，我国制造业就业人员平均工资大幅波动，整体保持在两位数增长水平；2012 年以来我国制造业平均工资增速有所下降，但仍保持快速增长，2012—2019 年，制造业平均工资年均增速为 9.4%，2019 年制造业工资水平达到 7.8 万元。此外，土地资源稀缺、工业用地要素指标区域分配不平衡，导致企业长期面临拿地难、拿地周期慢等问题。在工业用地需求增长以及供应收窄预期下，工业用地成本呈现上涨态势。

---

① 2022 年 12 月，连平：《2023 年我国出口将如何演绎》。

由于当前我国外贸企业在国际市场上的议价能力相对较弱,近年来国内要素成本持续较快上涨,并且国际环境的不稳定导致原材料、零部件价格攀升,出口产品价格却难以实现同步上涨,我国外贸企业利润空间不断被压缩,出口竞争力减弱。更进一步来看,在国内要素成本持续较快上涨的背景下,我国机电产品出口贸易面临"高端回流,中低端分流"的不利局面。一方面,欧美等国家和地区为重振经济采取"再工业化战略",促使一部分制造业回流。另一方面,不少发展中国家利用资源、劳动力等优势,在中低端制造业上不断发力,对我国制造业发展和对外贸易形成挑战。如越南凭借成本优势,承接我国东部地区一些劳动密集型产业转移,成为全球第三大鞋类生产国和第五大服装出口国。我国在高端制造业领域寻求突破的同时,如果中低端环节的份额由于要素成本上升过快而被挤占,高端制造领域发展的基础也将受到一定影响,亟须培育新的比较优势来推动出口贸易增长。

(四)我国核心技术缺失、品牌建设滞后,出口产品高端化品牌化仍是短板

20世纪90年代以来,以跨国公司为主导的高新技术产业加速向我国转移,形成了以欧美为技术研发和主要市场、以我国为加工中心、以东亚为零部件和原材料供应的产业链格局,这在一定程度上决定了我国高技术密集型产品出口大多是以加工贸易为主的特点。近年来,我国资本密集型产品出口占比有所提升,但高技能和技术密集型产品出口占比不升反降。2010—2019年的十年间,我国高技能和技术密集型制成品出口占出口总额的比重由38.8%下降至36.2%,下降2.7个百分点。主要原因在于我国在核心技术环节相对缺失,在高科技产品制造中,缺乏生产尖端科技产品所需的核心部件,产品生产受制于人。此外,我国本土企业品牌建设滞后、品牌影响力弱是导致出口产品附加值不高的重要因素,难以通过品牌效应带动出口附加值提升,外贸产品高端化、品牌化仍是我国出口贸易发展中的短板。

核心技术缺失和品牌影响力不足,一方面加剧我国出口市场竞争,降低出口产品附加值,削弱我国外贸收益;另一方面加大我国在国际贸易往来中的风险,为高科技发达国家对我国实行技术壁垒提供了契机,不利于我国出口贸易的独立和发展。此外，国内多数外贸企业未能很好适应数字经济发展形势，尤其是中小外贸企业标准化水平不高，企业数字化转型能力不强，内生增长动力不足。

> **专栏 6-2　我国出口商品结构转变的三个阶段**
>
> 　　第一次转变：20 世纪 80 年代，出口商品结构由初级产品为主转变为工业制成品为主。1981 年，工业制成品的比重首次超过初级产品，之后稳步回升，2001 年该占比达到 90% 以上。在这一阶段，我国出口商品结构由资源型产品为主转向以劳动密集型产品为主。1980—1992 年，我国资源密集型产品出口占比由 50.3% 下降至 20.0%，劳动密集型产品出口占比由 37.7% 上升至 59.3%，见表 6-1。
>
> 　　第二次转变：20 世纪 90 年代后期，我国机电产品出口占比超过纺织轻工，成为最主要的出口商品，之后机电产品出口占比持续扩张。在这一阶段，我国劳动密集型产品出口占比开始高位回落，1992 年达到 59.3% 之后呈现下行态势，1999 年降至 54.3%，虽然有所下降，但在出口商品中占据重要地位。相比之下，资本密集型产品出口占比稳步提升，由 1992 年的 20.7% 上升至 1999 年的 35.5%。
>
> 　　第三次转变：21 世纪以来，我国中高等技能和技术密集型制成品占比提升，劳动密集型产品占比下降。由于我国劳动力、土地等要素成本优势逐步削弱，低端劳动密集型产业逐步向东南亚或非洲等成本更低的国家转移，国内逐步转向技术含量更高的机电产品或零部件生产。我国出口货物中，劳动密集型和资源密集型产品所占比重呈现下降态势。2002—2019 年，我国劳动密集型和资源密集型制成品占出口额的比重由 29.19% 逐步下降至 21.12%，下降 8.07 个百分点。相比之下，中高等技能和技术密集型制成品占比提升，但提升幅度仍有限。2002—2019 年，中等技能和技术密集型制成品占比由 20.6% 上升至 25.8%，提升 5.2 个百分点；高技能和技术密集型制成品由 31.6% 上升至 36.2%，提升 4.6 个百分点。

表 6-1 我国出口商品占总出口比重的结构变化

划分标准	主要类别	1995年	1998年	2002年	2006年	2010年	2013年	2016年	2019年
按技能等级分	低技能和技术密集型制成品	10.9	10.0	8.4	10.5	10.9	9.8	9.9	10.3
	中等技能和技术密集型制成品	16.0	18.5	20.6	20.3	21.9	23.2	25.3	25.8
	高技能和技术密集型制成品	20.2	24.3	31.6	38.2	38.8	38.5	36.5	36.2
按初级产品和制成品分	初级产品	15.8	12.6	10.0	7.4	6.3	5.9	6.0	6.5
	制成品	83.9	87.2	89.8	92.4	93.5	93.9	93.8	93.4
--	机械及运输设备	21.2	27.3	39.1	47.2	49.6	47.1	47.1	46.9
--	纺织纤维、纱线、织物	26.1	23.7	19.3	15.1	13.3	13.0	12.7	12.2
--	劳动密集型和资源密集型制成品	36.8	34.5	29.2	23.4	21.9	22.5	22.2	21.1

数据来源：UN Comtrade，赛迪工经所整理，2023.01

三、出口促进工业稳增长的长效机制探索

（一）积极开展区域内经贸合作，构建出口市场多元化格局

相比于发达经济体，新兴经济体拥有更大规模的人口和经济总量，我国应继续深化同新兴经济体的贸易往来，紧抓 RECP、"一带一路"倡议等机遇，加快开拓多元化出口市场，积极扩大我国贸易网络。首先，要加强同"一带一路"沿线国家的项目合作和经贸往来，加快推进智慧海关、智能边境、智享联通建设，支持中欧班列高质量发展，助推构建国际贸易新格局。其次，要充分利用 RCEP 经贸新规则，积极扩大中间品生产和贸易规模，着力扩大重点产品进出口。三是支持金融机构开发与外贸企业开拓国内外市场相适应的金融产品，推动针对外贸企业的信用贷款、应收账款融资、无还本续贷等金融产品和服务模式创新，鼓励搭建外贸企业与国内外大型商业企业的供需对接平台，促进供需精准对接。

（二）重视贸易结构调整对产业结构优化的反哺作用，加快产业转型升级步伐

紧抓新一轮国际产业转移趋势下贸易结构与产业结构耦合的联动机理，及时研判国际市场需求变化，通过需求侧改革倒逼国内产业结构优化升级。一方面，做好产业促进贸易发展的总体规划，持续推进产业结构优化升级，对未来贸易结构调整做出具有前瞻性、全局性、整体性、战略性的指引。另一方面，充分发挥贸易结构对产业结构升级的反哺效应，要加大对技术创新的投入力度，技术创新是我国对外贸易发展的重要支撑，更是推动国内产业结构升级的重要抓手，应重视对大数据、区块链、人工智能等技术的研发投入及应用，强化科技创新对贸易发展和产业发展的赋能作用，促使贸易结构优化与产业结构升级之间的联动效应发挥得更为强劲。

（三）主动开拓外贸订单新渠道，努力化解外贸需求收缩压力

一是完善准入前国民待遇加负面清单管理，切实做到准入准营，提高先进制造业利用外资水平，吸引全球跨国公司在华设立研发设计中心、供应链管理中心、数据中心、结算中心。二是支持自贸区对标高标准国际经贸规则，切实发挥自贸区先行先试作用和制度集成优势，不断探索形成与国际接轨的外商投资管理制度的实践经验，推动更多领域和产业对外开放。三是鼓励有条件的地区和企业推广"展会+包机"模式，及时掌握企业境外参会、海外营销等集中出行需求，组织包机出国参展，在做好疫情防控前提下，用好用足中外人员往来"快捷通道"，为外贸企业出国出境参展、商洽等商务活动提供保障服务，推动我国商贸交流和外资外贸加快恢复。

（四）持续完善外贸企业服务体系建设，提升中小外贸企业抗风险能力

一是引导中小外贸企业通过行业协会建立临时性协调组织，在上游供应链环节通过集中采购提升议价能力，以降低采购成本。二是逐步完善企业用工保障服务长效机制，鼓励各地完善用工监测预警、重点企业联系、企业缺工报告等制度，通过行业协会搭建内部灵活用工平台，保障外贸企业用工需求。三是

协调发往同一航线、沿途港口的会员企业抱团订舱,利用知名外贸平台的包机和集中订舱模式,通过加大货运量获得确定性的规模化运力。四是鼓励中小外贸企业积极利用平台资源,运用跨境电商平台大数据做好目标市场分析,利用平台降低外贸企业与海外消费者供需对接成本。

(五)加快发展外贸新业态新模式,不断形成出口增长新亮点

近年来,以跨境电商为代表、贸易数字化和产业融合为特征、促进交易便利化和服务集约化为核心的外贸新业态加快发展,成为重要贸易方式和组成部分,并引领全球贸易转型发展。外贸新业态的加快发展有助于推动我国由过去依靠物质资源消耗的贸易增长模式,转变为依靠技术和制度创新的贸易增长模式。因此,要紧抓新业态快速发展的机遇,搭建相关平台,降低我国和其他国家之间的贸易门槛,推动我国产品技术创新和价值链提升,进一步优化贸易结构,打造出口增长新亮点。另外,借助全球化趋势培育自主品牌和国际营销网络,以新业态新模式促进外贸高质量发展,塑造新的贸易竞争优势。

(六)加强国际形势研判,做好稳外贸稳外资政策储备

一是加强对国际经贸环境和国内经济运行的跟踪研判,针对工业经济运行中的新变化、新问题,提前研究并做好政策储备和政策组合,保持政策调整的前瞻性。二是密切跟踪全球及主要国家的经济形势、通胀走势以及货币政策取向,高度关注跨境资本流动、人民币汇率、大宗商品价格等方面出现的异常波动苗头,及时研判对我国出口的冲击影响。三是坚持底线思维,针对全球经济持续衰退、乌克兰危机长期化、大宗商品价格急剧波动、主要国家通胀持续上升等情形,前瞻性完善风险应对预案和应急管理,切实增强宏观调控的主动性,确保经济运行在合理区间。

第七章 | Chapter 7

工业稳增长的政策框架

构建工业稳增长的政策框架，需要坚持目标导向和问题导向，聚焦工业稳增长面临的突出问题和挑战，以及构建长效机制的实际需要，充分发挥体制机制改革、财政税收、货币金融、产业发展、科技创新、改革开放等相关政策的组合效应，推动工业经济平稳运行和提质增效。

第一节　持续深化体制机制改革

工业稳增长，离不开工业产业链上多环节、多部门的配套改革，因此，不能局限于工业领域变革，而要推动全面深化改革。要以解放和发展生产力为根本任务，以经济体制改革为中心，处理好政府和市场的关系，使市场在资源配置中起决定性作用，更好发挥政府作用。为此，需要构建有利于工业稳增长的经济体制机制架构。重点是深化要素市场化配置改革，提高资源要素利用效率；深化国有企业改革，拓宽民营经济市场空间，激发市场主体活力；切实转变政府职能，深化政府机构改革，提高政府对工业稳增长的服务能力。

加快推动能源市场改革，降低企业用能成本。一是深入推动"管住中间，放开两端"的电力价格机制改革，建立完善独立、基于绩效的激励性输电和配电价格体系。二是放开成品油以及天然气价格，价格由市场竞争形成，推动油气管道等基础设施收费分类施策，逐步实现价格市场化。三是优化能源计量计价方式，研究推进天然气、供热等按热值计价，完善价格机制配套改革。

完善数据等新要素市场建设，优化新业态新模式发展环境。一是加强数据资产权属研究，完善要素交易规则。通过法律修订等明确数据资产权益归属原则及数据拥有者、使用者、管理者等各方权利义务；制定政府公共数据开放共享规则，建立政府数据资源共享和开放目录；建立数据交易规则与标准体系，完善数据交易监管机制。二是规范数据服务市场，健全要素监管要求。可参考欧盟做法，对数据服务商提出原则性要求，鼓励和监督服务商通过自律行为守则等方式落实法律法规和监管机构要求，更好保障用户权益。

优化制造业发展的营商环境，创造公平发展市场机会。推动能源、铁路、电信、公共事业等行业竞争环境的市场化改革，为民营企业、中小企业创造更多的市场机会。优化经济发展环境、破除制约民营企业发展的各种壁垒，完善中小微企业和个体工商户的法律环境和政策体系，保障各类企业平等获取生产要素和政策支持。对接国际规则和标准，营造更加透明、公平的竞争环境，吸引高水平的国际投资，使生产要素的流通更加顺畅。

深化国企改革、放开民营经济市场准入。一是深化国企改革。加快在竞争性领域推进混合所有制改革，通过股权多元化改革，引导国有资本与民间资本、境外资本组建多种所有制形式的现代企业，完善国企公司治理结构和市场化内部运行机制，积极探索混合所有制企业员工持股办法。加快完善国有资本授权经营体制，建立完善国有资本预算制度。加大国有僵尸企业的处置力度。建立完善市场化导向的选人用人机制，改革国有企业激励约束分配制度，创新股权激励方案、激励基金计划，探索市场化收益提成奖励方式。转变国有企业、国有资本监管思路，创新完善监管方式，明确国有资产保值增值考核标准，明确国有资产流失的判定标准，避免国企改革掣肘于保值增值要求的泛化滥用。二是放开垄断行业市场准入，拓宽民营经济生存空间，通过引入竞争推动国企深化改革。推进落实"负面清单"管理模式，只要在负面清单之外的项目即实行备案管理，着力清除各类要素跨地区、跨行业流动整合的障碍和壁垒。此外，完善法治化制度环境，加强对民营经济活动的相关法律保障，在立法、司法、执法等层面，坚决防止将经济纠纷当作犯罪处理，坚决防止将民事责任变为刑事责任，凡是有悖于平等保护民营经济的条款都要及时废止或调整完善，保护民营企业家人身安全和财产安全。

提高政府治理能力。一是转变政府经济管理职能的履行方式，优化产业政策。强化功能性产业政策，构建公平竞争的市场机制；大幅减少政府对资源的直接配置，减少选择性产业政策，扶持政策确有必要时要明确政策的进入与退出标准。二是提高政府宏观调控能力，强化部门合作机制。建议政府充分利用大数据等新一代信息技术，建立制造业涉企信息大数据平台，整合相关职能部门的行业信息、涉企信息，提高相关部门对行业的观察与分析能力，提高政策精度。三是健全完善追责与容错机制。推进科学追责、精准追责，根据干部与工作人员的具体工作内容确定是否追责与追责程度，防止追责泛化。完善容错纠错机制，厘清容误边界，规范申辩、核实以及纠偏等流程，保护相关部门及干部担当作为、干事创业的积极性。四是推动行业协会改革，推进行业协会去行政化。鼓励"一业多会"，引入竞争机制，推进行业协会、商会与行政机构脱钩，不断强化行业协会的服务功能，切实发挥行业协会提供服务、反映诉求、规范行为的中介组织作用。此外，建议优化公共政策的讨论议程与决策机制，鼓励社会力量参与政策议定，提高制造业相关领域政策制定与执行的透明度。

完善质量监管体系。建议政府推行质量监管和"互联网+监管"改革。通过区块链、大数据、物联网、人工智能等创新技术融合应用，加强对产品质量的市场监管能力，对食品、药品等直接关系到居民生活和健康的商品建立产品溯源系统，实行"一物一码"，建立公开透明的信息查询制度，严控各环节的质量风险，精准监管，完善信息备案、货物交接核查、风险评估、产品召回制度。依法打击制售假冒伪劣商品等违法行为，提高对违法行为的处罚力度。推动消费者集体诉讼制度的完善落实，扩大我国消费者集体诉讼权享有的主体，除消费者协会以外，允许民间消费者团体享有公益诉讼的权利，或允许有相同诉求的消费者通过网络登记和网络推选代表人进行集体诉讼。

第二节　发挥财税政策导向作用

政府财税政策作为政府干预的重要经济手段，是政府应对经济运行不确定性时控制能力较高的政策工具。近年来政府出台了降低增值税率、小微企业所得税优惠、个人所得税改革、研发费用加计扣除优惠、固定资产加速折旧优惠、降低企业社保费率等多项减税降费举措，政策力度空前。特别是新冠疫情以来，财税部门通过加快推进增值税留抵退税、加快财政支出进度、加快地方政府专项债务发行使用并扩大支持范围、用好政府性融资担保、加大政府采购支持中小企业力度、扩大实施社保缓缴政策、加大稳岗支持力度等助企纾困，稳定工业增长。应在确保现行减税降费等政策落实到位的基础上，继续推动深化财税体制改革，推动增值税和企业所得税改革，从根本上降低企业负担；加大对技改、创新、高端消费的支持，进一步发挥财税政策在稳定经济、引导预期、产业调控方面的作用。

聚焦关键领域，加大财政资金支持力度。一是聚焦关键"卡脖子"领域，加大资金支持。整合现有资金，围绕关键"卡脖子"领域，加大对该领域基础研究和应用研究的支持力度。继续加大对质量基础能力建设的支持，重点围绕标准、计量、认证认可、检验检测等质量基础技术，解决一批重点领域全产业链关键共性问题。二是聚焦制造业投资，加大对数字赋能的支持力度。维持对企业技改支持力度，加快企业智能化、数字化改造，提升企业生产效率；加大对新型基础设施投资，推动5G、大数据、工业互联网、人工智能等数字赋能场景应用。充分利用专项债，加大对新基建的投资，带动新兴产业发展。三是加大居民消费补贴力度。在全国范围内推广家电"以旧换新"和智能产品补贴计划，鼓励企业通过发放消费优惠券等引导消费者升级对笔记本电脑、平板电脑、5G手机、4K和8K电视等智能数码产品和节能家电产品的消费需求。

推动优化政府采购制度，加大对创新产品支持。一是加大对创新产品支持。发挥政府采购引导作用，加大搭载国产芯片、预装操作系统的电子产品的政府采购力度，为创新产品推广应用提供政策支持。二是扩大政府绿色采购范围。将垃圾处理设备等纳入节能产品、环境标志产品品目清单，进一步细化政府绿色采购程序，设置绿色采购预算目标，加强政府绿色采购对绿色制造的支持作用及对社会消费的引导作用。三是推动加入《政府采购协定》（GPA）。对接国际规则，改革政府采购制度，推动GPA谈判，为国内企业公平参与国际市场创造更好环境。

切实落实现有税收优惠政策，适时降低制造企业税收负担。一是继续贯彻落实现有财税优惠政策。加大对现有政策的宣贯力度，指导更多企业享受政策，保障政策实施效果。二是适时考虑降低制造业税收负担。逐步推动增值税税率三档并两档改革，适时考虑将制造业增值税税率由13%向下调1~2个百分点。

建议择机下调企业所得税，将企业所得税基本税率由 25%降低为 20%。三是加快税收体制改革，提高直接税比重，从税收体系上根本解决企业税负问题。

第三节　加快产融合作对接步伐

推动工业稳增长，要加强金融相关政策的扶持，着力解决企业融资难融资贵问题，引导金融活水加速流向实体经济，为制造业转型升级实现高质量发展提供强有力的资金保障。

完善企业信用评级，加快推进产融合作。强化部门合作机制，整合相关职能部门的行业信息、涉企信息，建立涉企信息大数据平台，建立工业企业信用数据库，建立工业企业信用评级体系，加强银企合作，缓解信贷业务的信息不对称问题，推动诚信经营企业信用贷款。推进产融合作，推广试点城市经验，加大金融对实体经济的支撑作用。

加快推进产业链金融服务等新业务模式探索。一是引导企业用足用好工业转型升级基金、国家中小企业发展基金等，加强对先进制造业、中小企业的支持。二是大力培育和壮大创业投资基金、天使投资基金、私募股权基金等市场主体，形成结构合理的多层次资本市场。三是加强金融产品创新，积极拓展抵质押品范围，探索设备、无形资产、应收账款等抵质押贷款；适当扩大"无还本续贷"政策的覆盖范围，减轻企业转贷压力和转贷成本。

加快金融市场改革，加大对实体经济支持。推动资本市场注册制，支持符合条件的制造业企业在科创板、创业板上市，解决企业融资难题，提高企业直接融资比例。扩大铁矿石、铜、石油、橡胶等大宗商品贸易中使用人民币跨境结算的规模和范围。鼓励国内重点生产企业与国际大宗商品供应商结算交易时使用人民币计价结算，帮助企业有效规避因人民币对美元汇率波动带来的风险，减少对美元结算体系的依赖。积极探索人民币跨境结算时应用区块链等新技术，提升效率与安全性。

第四节　全面提升对外开放水平

进一步扩大开放，共享发展红利。扩大制造业、服务业外资市场准入开放范围；进一步降低瓦森纳协议项下特别是美国对我出口管制相关产品的关税，允许更多企业分享我国国内市场；进一步完善出口退税政策，细分"两高一资"产品分类，提高新材料等产品出口退税率，鼓励新材料产业出口。

积极参与世界贸易组织（WTO）改革与国际经贸新规则制定，为产业发展营造良好外部环境。支持多边贸易体制，积极主动参与投资便利化、数字经济（数字贸易）等规则重构。高质量实施区域全面经济伙伴协定（BCEP），加快推动中欧投资协定签署生效，继续推进中日韩等自贸协定谈判进程，积极拓展出口市场，构建东亚地区稳定和高水平的区域合作框架；积极推动加入全面与进步跨太平洋伙伴关系协定（CPTPP）和数字经济伙伴关系协定（DEPA）进程，主动对接高水平经贸规则。

加强国际合作，拓展国际市场。鼓励企业参与"一带一路"建设，利用"自贸区""自贸港"等政策契机，加强国际产业合作，拓展国际市场；优化外商投资环境，为世界顶尖高新技术企业来华投资开设绿色通道，深度挖掘我国在市场、政策、产业链等方面的优势，提高产业链黏性。

第五节　积极发挥产业政策效能

狠抓传统产业改造升级和战略性新兴产业培育壮大。产业政策"发展"的重点是增强产业发展新动能，要坚持传统产业和新兴产业协同发力，既要狠抓传统产业改造升级，通过实施产业基础再造工程和重大技术装备攻关工程等，加快推动传统产业高端化、智能化、绿色化发展；也要狠抓战略性新兴产业培育壮大，加快新能源、人工智能、生物制造、绿色低碳、量子计算等前沿技术研发和应用推广，推动形成新技术新产业新业态新模式，加速培育新的增长引擎。

着力补强产业链薄弱环节。产业政策"安全"的重点是提升产业链供应链韧性和安全水平,这是保障经济稳定运行的关键。提升产业链供应链韧性和安全水平,需要聚焦制造业重点产业链,找准关键核心技术和零部件薄弱环节,集中优质资源合力攻关,保证产业体系自主可控和安全可靠,确保国民经济循环畅通。

着力锻造新的产业竞争优势。产业政策坚持"发展和安全并举",核心还是要巩固和提升在全球产业分工中的地位和竞争力。当前全球能源加速转型,带动全球产业结构和产业布局也加速调整,要善于抓住新机遇,勇于开辟新领域,敢于制胜新赛道。在落实碳达峰碳中和目标任务过程中,要先立后破,要依托我国强大的装备制造能力和超大规模市场优势,充分发挥核心技术和关键产业链优势,着力锻造新的产业竞争优势。

要最大限度发挥产业政策效能,还有两个关键点不容忽视。一是优化产业政策实施方式。随着我国经济进入高质量发展阶段,产业政策也要由差异化、选择性向普惠化、功能性转变,要保障各类市场主体公平竞争,激活市场信心;要在基础研究等市场失灵领域进一步加大政府投入。二是推动"科技－产业－金融"良性循环。产业的发展和安全,离不开财政税收、货币金融、科技攻关、能源要素等方方面面的支持和保障,要注重推动科技-产业-金融之间的良性循环,加快建设实体经济、科技创新、现代金融、人力资源协同发展的现代化产业体系,推动经济高质量发展。

第六节 完善企业梯度培育体系

工业稳增长的主体是企业。要完善企业梯度培育体系,推动骨干企业培育壮大,加快推进"专精特新"中小企业发展,为工业经济稳定恢复提供有力支撑和保障。

整合全球资源,推动骨干企业培育壮大。一是鼓励骨干企业聚焦主业,做强做大,培育一批上下游协同,核心竞争力强的世界一流的制造业企业集团。

支持企业跨区域、跨行业兼并、重组、上市，推动优势企业规模化、股份化、集团化经营。二是引导龙头企业向优势集群集中，形成一批相互配套、功能互补、联系紧密的龙头企业集群。支持龙头企业加快互联网商业模式创新，运用大数据、人工智能等先进技术手段，探索实施线上线下和现代物流结合的新零售模式。三是鼓励龙头企业积极参与全球资源整合配置，实现国外高端品牌并购，并在国内设立该高端品牌的营销总部，统一经营和运营。

强化龙头企业引领带动，加快推进"专精特新"中小企业发展。一是培育引导中小微企业，推进中小企业"专精特新"产品（技术）培育工作，加大对中小微企业的引导扶持力度，打造一批细分市场领先的"隐形冠军"，充分激发市场活力。二是鼓励开展全价值链业态模式创新，深化业务关联、链条延伸，通过"个转企、小升规、规改股、股上市"等措施，推动企业主体规范提升。三是加大政策倾斜和要素保障力度，积极发展科技小巨人领军企业，着力培育在细分行业、产品、市场、技术工艺上居全国前列的"隐形冠军"和"单项冠军"企业。

第七节　因地制宜促进区域协调

加强央地联动、区域协作，充分发挥各地的区位优势和比较优势，推动区域工业经济协调发展。

促进产业有序转移，优化产业布局。一是因地制宜地引导相关产业或产业的不同环节在优势区域合理布局，并适时推动产业或产业链环节国内转移，形成产业在空间上的动态科学布局。二是突破行政边界的限制，推动集群跨区域协作，鼓励地理位置、经济等方面接近的产业集群加强经验交流和合作，实现邻近集群间的产业互联、资源互助、信息互用。三是根据《外商投资产业指导目录》和《中西部地区外商投资优势产业目录》的鼓励范围，制定差异化的产业政策，在沿海地区禁止或者限制的项目，在中西部地区可以适当放宽；在合资企业控股问题上除少数重点行业外，可允许外方占多数。

探索跨行政区划先进制造业集群的联合培育机制,优化制造业布局。一是突破行政边界的限制,推动集群跨区域协作,鼓励地理位置、经济、文化等方面接近的产业集群加强产业、科技、创新、管理、运营等方面的经验交流和合作,实现邻近集群间的产业互联、资源互助、信息互用,以区域间大协同提升集群生产率和竞争力。二是加强基础设施跨区域配套衔接及信息、数据跨地区合作共享,积极打造"自由流动、开放包容、合作共享"的区域合作机制,形成区域统一开放、竞争有序的市场环境。三是鼓励集群企业"走出去"和"引进来",主动嵌入全球产业链、价值链和创新链,强化国内外联合研发创新,共同攻关新技术、拓展新业务、开辟新市场、分享新机遇。

第八节 加强工业运行监测预警

推动新形势下监测预警理论方法创新,加强理论实践相结合。近年来,国内外经济形势更趋严峻复杂,我国工业经济下行压力与增长潜力并存,不同领域经济变量之间的关系发生深刻变化。因此,要加强监测预警理论方法创新,形成与新形势、新要求相适应的监测预警新理念、新思路、新方法。一是要深入理解经济全球化的历史逻辑和发展趋势,将经济指标的变化放在全球经济发展全局中考虑,站在更高的角度研判工业经济形势。二是要准确把握工业经济相关指标的内涵,分析新形势下经济指标间关联和规律的变化,持续推动监测预警理论方法创新和实践应用。

把握新时代工业经济运行规律,夯实工业高质量发展基础。当前,中国特色社会主义市场经济深入发展,我国经济由高速增长阶段转向高质量发展阶段,我们既要充分尊重工业经济运行规律,也要把握工业高质量发展的逻辑变化,夯实工业发展的制度基础。一是处理好短期和长期的关系,立足当前,着眼长远,正确看待和处理好应对短期经济下行压力和中长期高质量发展的关系。二是处理好风险防范与稳定发展的关系,围绕原材料、汽车、集成电路等领域,建立完善产业链供应链监测预警机制,强化能源供应保障协调机制,推动工业运行循环畅通。

紧抓大数据发展机遇,构建完善实时准确的监测预警体系。积极运用大数据等新一代信息技术,完善经济运行监测预测和风险预警,创新宏观经济决策机制,提高宏观经济决策水平。一是要探索经济运行数据高效采集、深入挖掘、精准分析、多元化呈现等场景,构建基于大数据的工业经济运行监测预警体系。二是创新政府的经济运行管理模式和思维方式,鼓励各级政府部门建设完善大数据共享交换平台,推动数据资源全面汇聚、共享和应用,强化经济运行大数据监测预警作用。

反侵权盗版声明

电子工业出版社依法对本作品享有专有出版权。任何未经权利人书面许可，复制、销售或通过信息网络传播本作品的行为，歪曲、篡改、剽窃本作品的行为，均违反《中华人民共和国著作权法》，其行为人应承担相应的民事责任和行政责任，构成犯罪的，将被依法追究刑事责任。

为了维护市场秩序，保护权利人的合法权益，我社将依法查处和打击侵权盗版的单位和个人。欢迎社会各界人士积极举报侵权盗版行为，本社将奖励举报有功人员，并保证举报人的信息不被泄露。

举报电话：（010）88254396；（010）88258888
传　　真：（010）88254397
E-mail：　dbqq@phei.com.cn
通信地址：北京市海淀区万寿路 173 信箱
　　　　　电子工业出版社总编办公室
邮　　编：100036